KB274023

어린 자녀와 함께
자신 있게 떠나는 해외여행

유모차를 끌고 맨해튼에 서다

국립중앙도서관 출판시도서목록(CIP)

유모차를 끌고 맨해튼에 서다 / 글·그림: 김동욱, 오선주 — 서울:
예담출판사, 2010
    p. ; cm

ISBN 978-89-5913-451-9 13940 : ₩15000

미국 여행[美國旅行]

984.202-KDC5
917.304-DDC21   CIP2010002157

유모차를 끌고 맨해튼에 서다

초판 1쇄 인쇄 2010년 06월 21일
초판 1쇄 발행 2010년 07월 01일

글·그림 김동욱·오선주   **펴낸이** 연준혁
기획 여지영

멀티콘텐츠사업부_정은선 오유미 이화진 전효숙
책임편집 오유미   **제작** 이재승 송현주
디자인 All design(02-776-9862)

펴낸곳 (주)위즈덤하우스
출판등록 2000년 5월 23일 제13-1071호
주소 경기도 고양시 일산동구 장항동 846번지 센트럴프라자 6층
전화 031-939-4000   **팩스** 031-936-3891
홈페이지 www.wisdomhouse.co.kr
출력 한국커뮤니케이션 **종이** 화인페이퍼 **인쇄·제본** 영신사

값 15,000원
ⓒ 김동욱·오선주, 2010
ISBN 978-89-5913-451-9 13940

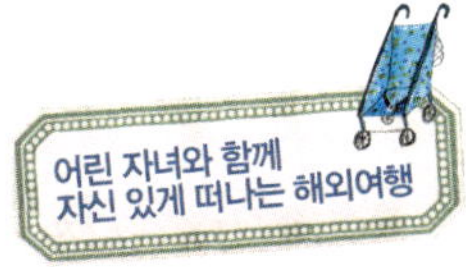

유모차를 끌고 맨해튼에 서다

글·그림 | 김동욱·오선주

예담

Prologue
프롤로그

Viu! 여행의 설렘이 우리의 평탄하던 일상을 잠시 흔들어놓은 지난 3개월여행을 떠나기로 결정하고 지금까지 동안 나는 많은 고민과 갈등을 했어. '과연 이대로 떠나도 될까?' 하는 두려움을 Viu나 지아가 눈치 챌까봐 노심초사하며 때론 강한 척도 해 보이며 나의 이번 결정은 정당하다고 말해왔지만, 사실 나도 Viu처럼 이번 결정이 앞으로 우리에게 어떤 변화를 가져올지 걱정되기는 마찬가지였어.

우리의 4년간의 땀이 담겨 있는 통장을 깨는 일도 그랬고, Viu와 내가 일을 잠시 쉬게 되었을 때 닥칠 상황들 역시 불안하게 느껴졌던 게 사실이야. 그리고 어린 지아를 데리고 떠나는 여행이 지금 시점에서 맞는 걸까, 하는 의문도 들었지. Viu 몰래 밤잠을 설치며 인터넷 속 다른 가족의 여행기를 훔쳐볼 정도로 이번 결정에 확신이 없었어. 그렇지만 그동안 나를 믿고 따라준 Viu와 항상 씩씩하고 용감하게 잘 자라주는 지아를 보면서, 더 이상의 후회와 걱정은 하지 않으려고 해. 게다가 이번 여행은 그동안 열심히 살아온 우리 가족에게 허락된 선물이라는 확신이 들어. 신중하게 세운 계획이니만큼 이제는 이번 결정에 대해서 긍정적으로 생각하자.

나는 믿어, Viu! 여행이 우리 가족에게 '함께하는 시간에 대한 소중함'을 일깨워주리란 것을……. 이번 가족여행은 우리가 서로에게 소원했던 시간은 물론, 서로를 위해 노력했던 시간까지 일깨워줄 거야.

특히 가장 가까운 곳에서 가족이라는 이름으로 상처를 주면서도 미처 깨닫지 못한 서로에 대한 마음을 알게 해줄 거야. 그리고 여행 중에 겪게 될 고난과 시련을 함께 극복하면서 우리 가족의 유대감이 더욱 견고해지리라 믿어. 여행은 우리 가족에게 '새로운 눈과 마음'을 주게 될 거야. 그 안에서 우리가 걸어왔던 길에 대한 해답도 찾을 수 있을 거라고 생각해. 우리가 함께 살면서도 찾지 못했던 질문들에 대한 답을 이번 여행을 통해 얻게 되겠지. 길 위에서는 그 길의 끝에 무엇이 있는지 잘 보이지 않지만, 지도를 펼쳐보면 전체의 그림을 알 수 있듯이 이번 여행은 우리에게 인생의 지도를 보여줄 거야. 그동안 좁은 시각으로 우리의 인생을 재단하고 그 안에서만 삶을 돌아보려 했다면, 이번 여행은 우리에게 좀 더 넓고 여유로운 마음으로 인생을 바라볼 수 있는 현명함을 선사할 거야.

마지막으로 이번 여행이 새로운 '희망'을 줄 거라고 믿어. 나와 Viu의 부모님이 여행을 통해 우리에게 새로운 세상을 보여주셨기 때문에 지금의 우리가 남들과는 다른 개성으로 창의적인 일을 하고 있듯이, 우리의 이번 여행도 지아에게 새로운 시선과 지식을 가질 기회를 제공해줄 거야. 변화를 두려워하는 사람에게는 발전이 없듯이 이번 여행을 통한 새로운 도전은 우리에게 또 다른 기회와 희망을 줄 거라고 믿어.

비행기를 타고 미국으로 떠날 날이 바로 내일로 다가왔어. Viu도 그렇게 생각하겠지만, 이번 여행이 즉흥적인 감정에 의해 훌쩍 떠나는 여행은 절대 아니야. 이번 여행을 결정하기에 앞서 우리는 많은 고민을 했고, 어렵게 결정하고 신중히 계획했다는 것을 잊지 말자. 우리에게 여행이란 중요한 것들을 찾으러 떠나는 모험이란 것을 여행 중에도 항상 기억하자. 설레는 마음을 앞세우고 여행 속으로 뛰어들 시간도 이제 몇 시간 남지 않았어. 새로운 모험을 떠나는 길에 더 이상의 두려움은 접자. 우리 가족이 함께할 수 있다는 사실이 그 무엇보다 기쁘고 든든하다. 항상 내 곁에 있어주는 우리 가족에게 다시 한 번 고맙다는 말을 전한다.

"고맙고, 사랑해!"

Dew리북터

Contents

Prologue   사랑하는 가족에게

intro.   아이와 해외여행 갈 때 꼭 준비해야 할 것들   12

part. 1
지루한 일상, 뭐 신나는 일 없을까?

Viu's note 1 몸이 세 개라도 모자란 엄마, Viu   20
Viu's note 2 가족의 행복은 곧 나의 행복, Dew   24
Viu's note 3 귀여운 악동, Jia   25
소심한 가족, 드디어 지도를 펴다   26
우당탕, 패밀리⋯⋯ 뜨다!   32

part. 2
먼지바람 날리며 달리다 서부여행

travel 1
그랜드캐니언

운전하는 아빠, 지도 보는 엄마   46
밀려드는 해방감, 이게 바로 여행이다   49
꼬마 여행자의 필수 코스, 맥도날드   51
TIP 아이와 함께하는 고속도로에서의 점심, 어떻게 해결할까?
그랜드캐니언 입성! 캠핑장에서의 첫날밤   58
어느 한국인의 공원 문화 고찰   63
TIP 아이와 공원에서 지낼 때 준비해야 할 것들
죽음의 하이킹   70
출발! 그랜드캐니언 투어   76
엄마! 이게 오늘 본 그랜드캐니언이야   80
인디언 인형과 식사 몇 끼 사이   83

travel 2
모뉴먼트 밸리

엄마 아빠와 함께라서 행복한 아이 … 98

인디언 마을, 그 어떤 희망도 없었다 … 100

흙먼지 바람을 일으키며 서부를 달리다 … 105

아름다운 대자연 놀이터에서 신나는 하루를 … 107

미국에서 숙소 구하기 … 112

TIP   인터넷으로 모텔 예약하는 방법

달콤쌉싸래한 모텔에서의 하룻밤 … 115

TIP   아이와 함께 숙소 100% 즐기기

travel 3
아치스

자연이 만든 예술 작품을 접하다 … 131

여행을 통해 조금씩 성장하는 아이 … 134

유모차를 끌고 밸런스 록으로 … 139

붉은색 오즈의 모래성에서 노닐다 … 145

낭패! 물도 안 나오는 모텔 … 148

travel 4
브라이스캐니언

대 위기! 국제 미아 될 뻔하다 … 164

우는 아이, 동요를 따라 부르며 달래다 … 168

엄마! 빨간 해님이 돌 색을 바꾸고 있어요 … 173

인디언 텐트에서 보낸 꿈(?)같은 하룻밤 … 178

part.3
트렌드를 산책하다 도시여행

travel 1
라스베이거스

열심히 달린 당신! 향락과 휴양의 도시로   195

거리의 음악에 맞춰 춤을 추는 작은 동양 소녀   197

아이가 반한 거대한 놀이공원 도시   202

에펠탑 아래서 휴양지의 풍류를 즐기다   205

카지노 대신 신나는 게임을   207

연기 나는 보닛, 천국과 지옥을 오가다   212

travel 2
샌프란시스코

추억의 도시를 뜨거운 심장으로 걷다   224

오래된 미국식 주택 같은 호텔 유니온 스퀘어   228

소심한 부부, 드디어 부부싸움   234

아름다운 마켓, 페리 빌딩 마켓 플레이스   237

눈만 높은 엄마의 쇼핑 천국   241

TIP   한국 엄마들에게 인기가 많은 아이들 옷가게

사라진 아빠의 추억 속 바다사자   245

**travel 3
뉴욕**

유모차를 끌고 맨해튼 한복판에 서다   256

뉴욕의 민박집 이야기   260

TIP 우리 가족의 민박집 선택 시 필수 사항

가족 맞춤 계획! 맨해튼 투어   266

지하철을 타고 뉴요커의 삶을 마음에 담다   268

20달러짜리 비운의 사진 한 장   273

아빠도 맛있게 먹은 롬바르디스 피자   282

아이의 지적 호기심을 충족시키는 놀이터를 찾다   285

TIP 아이들의 천국, 장난감 슈퍼마켓

센트럴 파크에서의 마지막 휴식   297

Behind Story 1 몬트리올
Behind Story 2 토론토

Epilogue 사랑하는 지아에게

아이와 해외여행 갈 때 꼭 준비해야 할 것들

1. 서류 준비

01 여권

부모 여권 만들기

· 전자여권을 만들자!

우리나라가 2008년 10월 17일 비자면제프로그램(Visa Waiver Program)에 가입함에 따라 이제는 발급 절차가 복잡한 미국 비자를 받지 않아도 미국 여행을 할 수 있다. 단, 이 프로그램을 이용하기 위해서는 반드시 전자 여권을 만들어야 한다.

· 전자여권이 뭐예요?

전자여권(ePassport, Electronic Passport)이란, 비접촉식 IC칩을 내장하여 바이오 인식 정보(Biometric data)와 신원 정보를 저장한 여권을 말한다. 전자여권 또한 기존 여권과 마찬가지로 종이 재질의 책자 형태로 제작하였으나, 앞표지에 전자여권임을 나타내는 로고를 삽입하였고 뒤표지에는 칩과 안테나를 내장하여 기존 여권보다 보안성을 극대화하였다.

발급 기관 시청 여권과에 발급 신청 가능.
준비물 여권용 사진 1매, 신분증, 수수료, 기존 여권(미국 여행 비자가 없는)이 있다면 지참.
발급 수수료 복수 여권(10년) 5만5000원. 기존 여권을 전자 여권으로 기간 연장(기존 여권의 남은 기간과 동일)하여 재발급 시에는 2만5000원이 부과된다.

내 아이 첫 여권 만들기

아이들은 하루가 다르게 자란다. 그래서 1년 후의 모습과 지금의 모습은 많이 다를 수도 있다. 따라서 아이들의 여권은 보통 1년짜리 단수 여권이나 5년 이하의 복수 여권만이 가능하다. 아이가 취학 전이라면 빨리 변하는 외모를 생각해서 1년 단수 여권을, 취학 후라면 5년 복수 여권을 선택하는 것이 유리하다.

준비물 여권용 사진 1매, 수수료, 부모의 신분증.
발급 수수료 단수 여권 – 2만 원
　　　　　　　복수 여권(5년) – 만 8세 이상 4만7000원, 만 8세 미만 3만5000원

1인 1여권제

이전의 8세 미만 자녀에 대한 부 또는 모 여권 동반제가 폐지되고 1인 1여권제가 도입되었다. 따라서 8세 미만인 아이들도 18세 미만과 동일한 수수료를 적용한다.

기존 비자가 있으면 따로 등록할 필요가 없고, 비자가 없으면 비자면제프로그램에 신청만 하면 된다. 여행 허가를 받으면 미국 어디나 90일 동안 자유롭게 여행을 할 수 있다. https://esta.cbp.dhs.qov에서 전자여행허가(ESTA) 신청을 하면 된다. 비용은 없다. 먼저 사이트에 접속 후 신청서를 작성하고 제출한다. 신청 번호를 기억해두고 진행 상황을 확인한다. 후에 허가가 났다면 미국 비자가 없어도 여행을 하는 데 아무런 문제가 없다.

· 비자면제프로그램

우리나라는 2008년 10월 17일부터 비자면제프로그램에 가입되었다. 단기 출장이나 관광이 주목적이라면 전자여권과 전자여행허가 승인만 받으면 비자 없이 미국 입국이 가능하다.

2. 비행기 티켓 구입부터 서비스 선택까지

01 비행기 티켓 구입하기

비행기 티켓은 여행사를 통하거나 항공사 사이트에서 직접 구입하면 된다. 아이와 함께하는 여행인 만큼 아이가 불편하지 않고 즐거운 마음으로 여행할 수 있도록 각종 서비스나 좌석의 위치, 공간의 넓이 등을 미리 확인해둘 필요가 있다. 특히 미국 여행은 비교적 한국과 가까운 캘리포니아의 경우도 10시간이나 걸리는 장거리 여행이므로 앞에 말한 내용들을 꼼꼼히 챙겨야 비행기 안에서의 시간을 지루하지 않게 보낼 수 있다.

꼼꼼히 체크하기 위해서는 티켓 구입을 대행해주는 여행사보다는 직접 항공사 사이트에서 티켓을 구입하는 게 유리하다. 구입 전 아이와 함께 동행할 것임을 미리 알리고 좌석을 여유 있게 요구하든지 좌석 위치를 원하는 곳으로 부탁할 수도 있다. 또한 아이에게 맞는 기내 서비스가 무엇이 있는지 체크하고 예약할 수도 있다. 티켓 구입 시기는 빠르면 빠를수록 좋다. 좌석 여유도 있고 아직 출발까지 많은 시간이 남아 있다면 아무래도 원하는 요구사항을 더 많이 들어줄 수 있기 때문이다.

02 좋은 좌석은 어디일까?

아이마다 좋은 좌석의 위치는 다르다. 잘 우는 아이라면 비행 중에 다른 사람들의 눈치가 보이므로 사람이 많은 중간 자리보다는 편한 마음으로 아이를 달랠 수 있는 맨 뒷자리가 좋다. 또 화장실을 자주 가는 아이라면 화장실과 가장 가까운 위치를 선택해야 한다. 호기심이 많은 아이는 창가 쪽 자리가 좋지만 비행기 날개가 있는 곳은 피해야 한다. 아무리 창이 있더라도 비행기 날개에 파란 하늘과 구름이 가려진다면 창이 없는 것이나 마찬가지이다. 이와 같이 아이의 성향에 따라 예상해본 자리가 우리 아이에게 가장 적합한 자리일 것이다. 다만 꼭 피해야 할 자리는 창이 없는 한가운데 자리이다. 보통 미국행 비행기는 3-5-3식으로 좌석이 배치되어 있는데, 가운데 5개 좌석이 붙어 있는 자리에 앉게 되면 다른 사람과 섞여 좌석을 쓰게 될 수도 있는데, 이로 인해 화장실을 가거나 아이가 보채거나 할 때 여간 난처한 게 아니다. 그러므로 가운데 붙어 있는 좌석은 최대한 피해야 한다. 또한 요즘은 비상문 옆 좌석을 아이 동반 가족에게 잘 내주지 않지만 혹 모르니 꼭 체크해보자. 비상문이란 위험 상황 발생 시 사용하는 문이므로 가능하면 피해 앉는 것이 좋다.

03 서비스를 모두 챙기자

요즘은 비행기 내에 상상도 못할 놀라운 서비스가 많다. 기내 서비스는 좌석 등급에 따라 제공되는 것도 있고, 시즌별 혹은 공항별로 제공되는 경우도 적지 않다. 그런데 여행사나 항공사에서 먼저 알려주지는 않는 것이 일반적이다. 그렇기 때문에 스스로 찾지 않으면 같은 비행기를 이용해도 천차만별의 서비스를 받을 수 있다.

· 대한항공 www.koreanair.com

한가족 서비스 7세 미만의 유 · 소아를 2명 이상 동반한 여성 승객에게 제공하는 서비스이다. 탑승 수속부터 출국 심사, 입국 심사, 수하물 수취까지 담당 직원이 함께 도와준다.

기내식 영유아식(Infant Meal) : 액상분유, 이유식, 아기용 주스.
아동식(Child Meal) : 스파게티, 치킨너겟, 바비큐치킨텐더, 햄버거, 돈가스, 핫도그, 샌드위치, 김밥 등.

· 아시아나 www.flyasiana.com

패밀리 서비스 7세 미만의 유 · 소아를 2명 이상 동반한 여성 승객에게 제공하는 서비스이다. 탑승 수속부터 출국 심사, 입국 심사, 수하물 수취까지 담당 직원이 함께 도와준다.

유아 동반 & 해피맘 서비스 유아용 기내식, 전용 탑승 서비스, 유아용 요람 제공, 모유 수유를 위한 Nursing Cover 제공, 기내 아기띠 대여, 안전 의자 제공 등의 서비스이다.

기내식 Baby Meal : 미음, 이유식, 아기 주스.
Child Meal : 햄버그스테이크, 샌드위치, 오므라이스와 치킨너겟.

3. 아이와 여행 시 필수 항목

01 유모차

아이와 여행하다 보면 아이가 다리가 아파 보채거나 낮잠을 잘 경우가 많다. 따라서 평상시 잘 걷는 아이라도 유모차를 준비하는 것이 좋다. 유모차는 접이식이 편하다. 접이식은 비행기에 탑승할 때도 기내 반입이 가능하고, 장거리 이동이 필수인 미국 여행에서 차의 트렁크나 여유 있는 뒷자석에 놓아둘 수 있다. 또한 도보로 이동 시 계단을 만나거나 아이가 더 이상 유모차를 타지 않으려 할 때 접어서 손에 들 수 있다. 유모차에 햇빛가리개와 작은 장난감들을 수납할 수 있는 그물형 바구니가 달려 있다면 금상첨화.

02 카시트

미국에서 차를 이용하여 여행하려면 카시트가 필수이다. 미국 내 교통법상 카시트를 장착하지 않은 차량에 아이가 승차하는 것은 불법이다. 따라서 여행 출발 시 카시트를 가져가거나 렌터카를 대여할 때 카시트도 함께 빌리는 것이 좋다. 또는 국내에서 비싸게 팔고 있는 수입 카시트의 미국 내 가격이 싼 경우도 있으니 아직 카시트를 구입하지 못했다면 미국에서 구입해 사용한 후 돌아올 때 가져오는 것도 좋다.

03 선블록 로션

야외에 쉽게 노출되는 여행일수록 선블록은 필수이다. 관광지가 도시여도 실내에 머무는 시간보다 실외에 있는 시간이 길다. 특히 자연 공원이나 햇볕이 강한 도시를 관광할 목적이라면 자외선 차단 지수 40정도의 선블록을 미리 준비하도록 한다.

04 동화책

여행 갈 장소는 한국이 아니다. 아무리 좋은 책과 놀잇감이 있더라도 막 한글을 떼기 시작한 아이들에게는 한글로 된 동화책이 좋다. 아이에게 지루할 수 있는 여행 중에 눈에 들어오지도 않는 영어를 강요할 수는 없지 않은가. 아이가 좋아하는 책을 중심으로 몇 권 정도 챙겨간다.

05 장난감

동화책과 마찬가지로 아이들이 평소 잘 가지고 놀던 장난감들을 챙겨간다. 여행 중 지루해하면 여행지의 장난감 가게에서 새로운 장난감을 사줘도 좋다. 새 장난감은 부모에게 좀 더 여유로운 여행을 제공해준다.

06 먹을거리

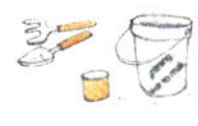

아이에게 어른들의 인내력을 기대하기는 어렵다. 배고프면 먹어야 하고, 목마르면 마셔야 한다. 과자와 음료 값이 국산 제품과 비교해도 저렴한 편에 속하니 새로운 장소로 떠나기 전 근처 마트에서 조금씩 사놓는 것이 좋다. 단, 아이 손에 닿는 곳에 모두 놓아두면 금방 사라지니 양을 조절해둘 필요가 있다.

07 오줌통

미국의 고속도로는 우리나라 고속도로처럼 휴게소가 금방 금방 나타나지 않는다. 그만큼 넓은 땅덩어리를 가졌으니까. 그러니 휴게소가 나타날 때마다 아이가 화장실에 다녀올 수 있도록 신경 쓴다. 그렇게 했더라도 아이가 갑자기 화장실을 찾을 경우를 대비해 빈 페트병이나 플라스틱 통을 준비해두는 것이 좋다. 물티슈도 미리 준비한다.

08 비상약

여행은 어른들에게도 힘들다. 낯선 장소에서 낯선 음식을 먹고 제대로 쉬지 못하면 아플 수가 있다. 이럴 때에 대비해 해열제나 상비약을 준비한다.

4. 아이와 미국에서 자동차로 여행하기

01 렌트하기

미국 내에는 렌터카 회사가 많고, 그만큼 가격도 천차만별이다. 경비를 아끼기 위해서 가장 저렴한 곳을 찾아 빌리고 싶겠지만 이것만큼 위험한 일도 없다. 이유인즉, 저렴한 회사일수록 도시마다 지점이 없을 확률이 많다. 국내의 경우를 봐도 Hertz나 Avis 같은 대형 렌터카 회사는 도시마다 지점을 찾아볼 수 있다. 대형 렌터카 회사여야 어느 도시에 가도 정비나 반환 같은 서비스를 받을 수 있는 것이다. 특히 미국은 땅이 넓은 나라인 만큼 여행 중에 사고가 나면 신속히 가까운 지점에서 달려올 수 있어야 한다. 이런저런 돌발 상황에 대비하기 위해서라도 렌터카 회사는 클수록 좋다. 가격은 비싼 편이나 서비스가 그만큼 좋다고 생각하면 된다. 여행 중 차에 이상이 생겨 연락했는데 내가 있는 곳까지 오는 데 하루 걸린다고 한다면 얼마나 낭패인가. 미국 땅은 매우 크다. 그러니 최대한 많은 곳에 많은 지점을 갖춘 렌터카 회사를 이용해라.

02 AAA www.aaa.com

AAA, 즉 트리플 A(Triple A)는 미국자동차협회이다. 멤버십에 가입하면 견인 서비스나 각종 보험 혜택이 주어진다. 가입 비용이 보험에 따라, 지역에 따라 조금씩 차이가 나긴 하지만 60달러 내외이다. 물론 단기간 여행이라 비싸다고 생각할 수도 있지만 미국 전역에는 대형 렌터카 회사의 지점보다 트리플 A 사무실이 더 많다. 그러므로 견인이나 가벼운 수리 정도는 이곳이 편리하다. 또한 미국 전역의 지도를 무한정 공짜로 제공받을 수 있기도 하다. 가까운 사무실을 방문하여 자신이 여행하고자 하는 루트를 말하면 친절한 경로 설명과 함께 그와 관련된 지도(주, 도시, 마을)와 그 도시의 관광 책자를 무료로 준다. 이 지도와 책자만 제대로 챙겨도 본전은 뽑는다.

03 숙박

여행 중에 잠자리는 매우 중요하다. 그런데 다행히도 미국에서는 괜찮은 숙소를 잡는 일이 그다지 어렵지 않다. 대부분의 모텔들은 60~100달러 사이이다. 그 가격대에 컨티넨탈 브렉퍼스트(Continental Breakfast)와 수영장이 딸린 모텔을 찾는 일도 그리 어렵지는 않다. 대부분의 모텔들이 체인 형태로 운영 중이어서 시설이나 모양이 거의 흡사하다. 운이 좋다면 조그만 스파 시설이 딸린 모텔에서 여독을 풀 수도 있다. 이런 시설 이용 요금은 모두 숙박비에 포함되어 있다. 세탁

시설도 있어 여행 중에 밀린 빨래를 처리할 수 있다.

04 식사

김치가 없으면 못 사는 사람만 아니라면 식사 해결은 어려운 문제가 아닐 듯하다. 고속도로 휴게소에 있는 레스토랑에서 해결해도 되고, 맥도날드나 웬디스 같은 패스트푸드점에서 해결하는 방법도 있다. 출발 전에 미리 음식 재료들을 사서 간단한 음식을 준비해가는 것도 좋다. 휴게소마다 피크닉 벤치들이 많이 있으니 이곳에서 쉬면서 준비된 음식을 먹는 것도 좋다. 그 밖에 맛있는 아이스크림 가게, 스타벅스, 케이크 가게들도 많으니 사실 미국에서 먹는 걱정은 하지 않아도 된다.

5. 아이와 유명한 도시 관광하기

01 장난감 가게? 백화점?

미국은 아이들의 천국일까? 도시 곳곳에는 대형 장난감 가게들이 많다. 종류와 수가 어마어마해서 아이들은 그곳에 들어가면 나올 생각을 하지 않는다. 기억에 남을 만한 장난감을 하나씩 사주는 것도 아이들에게 좋은 추억을 만들어주는 일일 듯하다.

02 놀이동산이나 도시의 특색 있는 교통 이용해보기

로스앤젤레스에 가면 디즈니랜드나 유니버셜스튜디오와 같이 아직 국내에는 없는 놀이동산이 있다. 기회가 되면 들러볼 것. 아이들에게 잊지 못할 큰 추억이 생길 것이다. 샌프란시스코의 케이블카나 뉴욕의 2층 투어버스를 타는 것도 색다른 경험을 만드는 일이다.

03 길거리 음식 맛보기

우리의 떡볶이, 어묵처럼 미국에도 길거리 음식이 있다. 프레즐, 핫도그, 피자, 아이스크림 등, 도시를 걷다 보면 좌판에서 파는 미국만의 길거리 음식들을 만날 수 있다. 그냥 지나치지 말고 하나씩 사 먹어보자. 맛도 맛이지만 좌판 앞에서 커다란 핫도그를 먹고 있는 아이의 사진을 찍는 것만으로도 멋진 추억을 남길 수 있다.

04 박물관 견학 가기

미국 대도시에는 역사와 전통이 느껴지는 박물관이나 미술관이 많다. 여행을 떠나기 전 목적지에 있는 박물관의 정보를 미리 알아두고 가면 아이들의 교육을 위해서 좋다. 전통이 있는 자연사 박물관이나 역사 박물관, 과학 박물관 등 아이들이 보고 즐길 거리가 꽤 많이 숨어 있다.

05 아이 쇼핑? 아이랑 쇼핑하기

브랜드 유아복을 찾아라. 국내에서는 이유 없이 비싸기만 한 미국 브랜드의 유아복이 정작 현지에서는 그리 비싸지 않다. Baby GAP, GYMBOREE, POTTERY BARN 등 세일도 많고 행사도 많다. 유아 용품도 가격이 싼 편이니 아이 손을 잡고 둘러보며 모처럼 통 큰 부모가 되어보자.

part. 1
지루한 일상,
뭐 신나는 일 없을까?

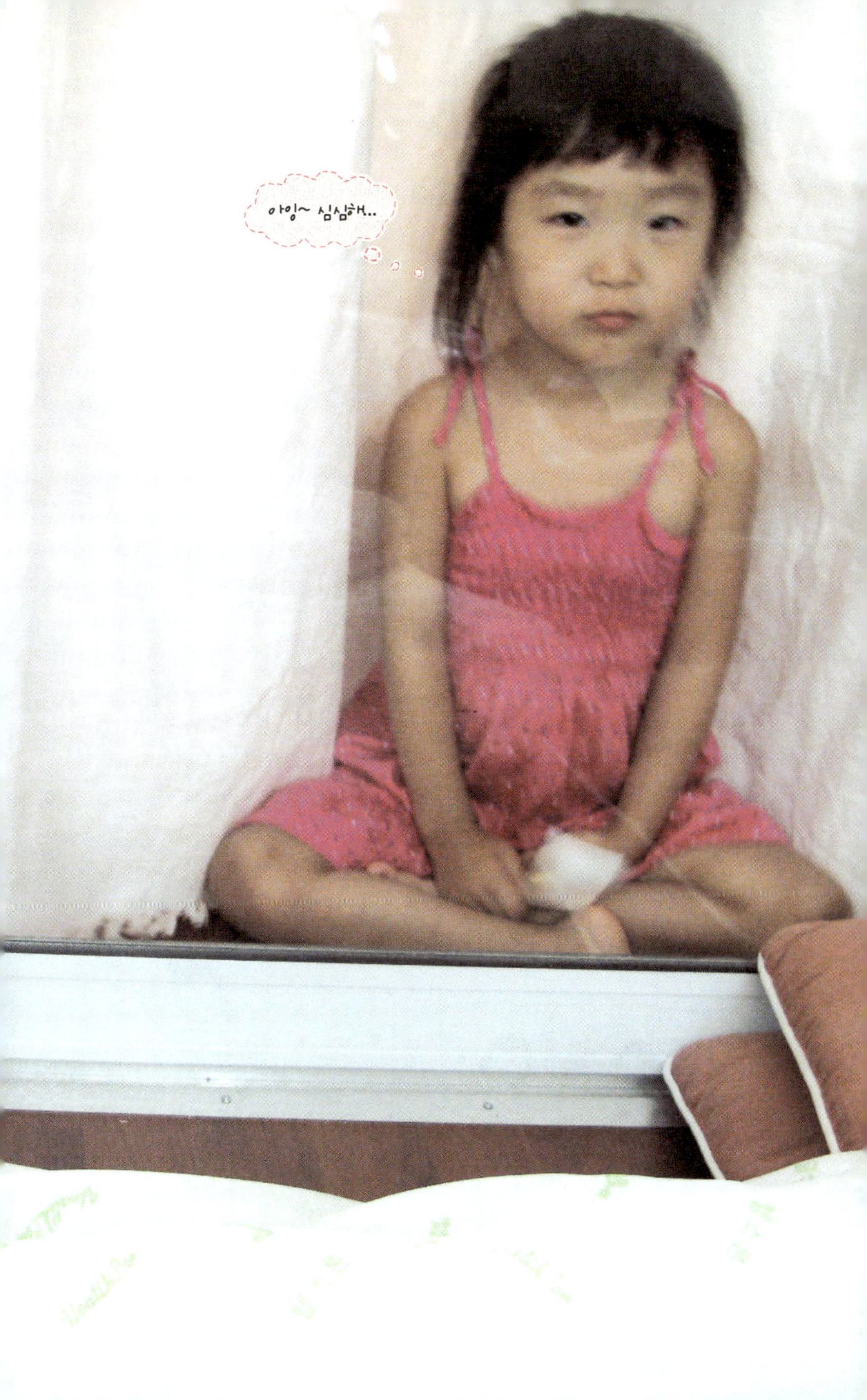
아잉~ 심심해..

몸이 세 개라도 모자란 엄마, Viu

결혼 전까지만 해도 내 시간의 주인은 나였다. 일하고 싶을 때 일하고, 먹고 싶을 때 먹고, 사람을 만나고 싶으면 언제든 밖에 나가……. 그야말로 자유로운 몸이었다. 그랬던 내가 이제는 네 살짜리 딸아이의 엄마, 한 남자의 아내, 프리랜서 일러스트레이터라는 세 가지 역할을 수행하느라 항상 시간에 쫓기고 있다.

이렇게… 이렇게… 4년을…….

여느 엄마와 마찬가지로 나의 하루는 이렇게 시작된다. 아침에 눈을 뜨면 지아를 흔들어 깨워 한쪽 팔로 둘러 앉은 채 세수를 시키고, 옷을 입힌다. 머리를 예쁘게 묶어주고 후다닥 차에 태워 유치원에 보내고 나면, 오전 8시 25분.

지아가 유치원에 가 있는 동안 집 안을 정리하고, 세탁기를 돌리고, 대충 아침밥을 해결한 다음 작업실 책상에 앉으면 오전 11시. 지아가 돌아올 때까지 앞으로 3시간 남았다. 일거리를 확인하고 스케치를 하거나 자료를 찾는다. 재깍재깍 시곗바늘 소리와 함께 손길도 점차 바빠지고 내 심장도 덩달아 콩닥콩닥 뛴다. 시간은 쏜살같이 지나가고, 2시 20분을 가리키는 시계는 나로 하여금 작업실에서 벗어나게 만든다. 서둘러 밖으로 나가면, 저 멀리서 낯익은 노란색 버스가 다가온다. 지아가 돌아온 것이다.

'후유~ 오늘도 지아를 재우고 한밤중에나 일을 해야겠다.'

까불이 딸내미는 집에 돌아와서 편안한지, 장난감을 사방팔방 어지르며 쉴 새 없이 엄마를 불러댄다. 지아의 부름에 일일이 응대해주며 간식거리를 챙겨주고, 지아의 동선을 따라 어질러져 있는 흔적들을 치워나가다 보면 어느새 저녁 시간. 저녁 식사 후 부엌을 정리하고, 지아를 씻겨서 침대에 눕히고는 열 권 이상의 그림책을 읽어준다. 서서히 잠드는 아이. 꿈나라를 유랑 중인 지아의 천사 같은 얼굴에 뽀뽀를 하고 조용히 방을 나온다. 스멀스멀 다가오는 잠을 뒤로하고 낮에 미뤄두었던 일을 꺼내어 본격적으로 작업에 몰두한다.

프리랜서 중에서 나처럼 마감에 쫓기며 사는 사람들은 얼마나 될까? 아이를 돌보고 살림을 하면서 자는 시간을 쪼개가며 일을 하다 보니 잠은 늘 부족하다. 행여나 밤을 새우며 일해야 할 때는 다음 날 백발백중 비몽사몽. 정말이지, 프리랜서 엄마의 하루는 고달프다. 내 일을 지키고 있음에 행복하고, 아이를 돌보며 일할 수 있음에 감사하면서도 휴식 없이 반복되는 일상에 가끔은 염증을 느낀다.

뭔가 일상에 변화가 있었으면…….
뭐 재미있는 일이 없을까……?

가족의 행복은 곧 나의 행복, Dew

중학교 때부터 뛰어난 미술 실력을 보여 예술가가 되리라고 마음먹은 소년이 있었다. 예술고등학교와 명문 미술대학을 나온 그는 줄곧 조각가의 꿈을 키워왔다. 그러던 어느 날 큐피드의 장난에 7년 우정을 자랑했던 친구와 연인이 되었고, 2년 연애 후 스물아홉 살의 나이에 결혼을 했다. 그리고 얼마 지나지 않아 아빠가 되었다.

블랑쿠시의 작품에 영감을 받고 매일같이 밤샘 작업을 하던 젊은 예술가는 사랑하는 딸과 아내를 먹여 살려야 한다는 현실적인 문제 앞에서 사업가의 삶을 선택했다. 한 가족의 가장으로서 가족의 행복을 위해서라면 모든 걸 제치고 달려온 그. 오랜 시행착오 끝에 이제는 사업가의 삶도 어느 정도 익숙해졌다.

하지만 그는 공허하다. 반복되는 일상이 때로는 지겹고, 작업을 안 한 지 4년이 넘은 그의 손은 열병을 앓고 있다. 재롱둥이 지아의 웃음에 미소로 화답하는 그의 표정 속에는 채워지지 않는 허전함이 깃들어 있다.

그에게도 새로운 기분 전환이 필요하다.
뭐 신나는 일이 없을까……?

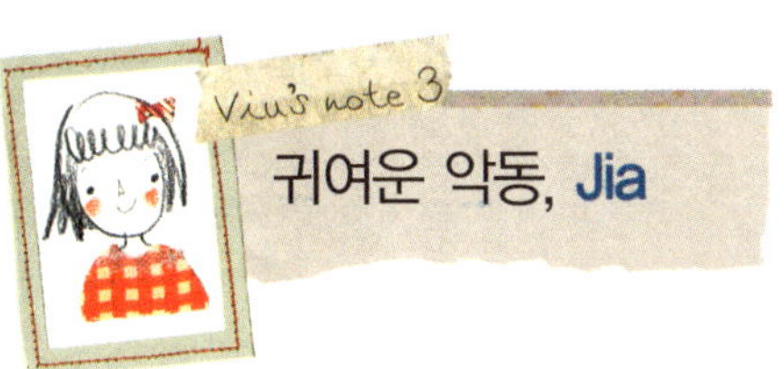

귀여운 악동, Jia

네 살배기 딸내미 지아. 어렸을 때부터 밥보다 우유를 좋아해서 키만 쑥쑥 자란 아이. 지아의 불만은 엄마가 항상 바쁘다는 것. 소풍놀이, 병원놀이, 소꿉놀이를 할 때마다 엄마는 잠시 등장했다 작업방으로 은근슬쩍 들어가 버린다. 덕분에 지아는 혼자 주거니 받거니 하며 혼자 놀기의 달인이 되었다.

가끔은 엄마가 작업할 때 스케치북을 가져와 옆에서 같이 그림을 그리기도 하지만, 매일 이렇게 놀기엔 너무 지루하다.

엄마 아빠랑 신나게 놀고 싶은 지아,
뭐 재미있는 놀거리 없을까……?

소심한 가족,
드디어 지도를 펴다

나에게는 거의 한 달에 한 번씩 노란색 소포가 토론토에서 날아온다. 소포를 보낸 이는 다름 아닌 친구 신애. 어느 날 갑자기 결혼과 함께 캐나다로 훌쩍 떠나버린 나의 소중한 친구다. 소포가 도착한 날이면, 산타 할아버지에게서 크리스마스 선물을 받은 어린아이처럼 잔뜩 흥분해서 열어본다. 그리고 그 안에 있는, 도쿄의 어느 카페에서 썼다는 글이나 멕시코 칸쿤에서 쓴 엽서, 퀘백 도시가 그려진 일러스트 카드에 적힌 그녀의 일상들을 읽어 내려간다. 갖가지 경험들로 인생을 윤기 나게 가꾸는 신애의 부러운 이야기들……

그런 그녀가 남편과 함께 한국에 놀러 왔다.

"우리의 이번 여행 콘셉트는 추억 찾기야!"

그녀는 남편과 함께 서울의 종로와 인사동을 산책하며 몇 년에 걸쳐 인터넷으로 검색해두었던 예쁜 카페들과 레스토랑을 찾아 다녀왔다고 했다. 그곳에서 찍은 사진을 보여주며 들뜬 목소리로 늘어놓는 한국에서의 여행담은 우리가 이야기에 쏙 빠져 시간 가는 줄 모를 정도로 흥미로웠다. 그들의 발길이 머물렀던 곳이 내가 알고 있던 곳과 동일한지 착각이 들 정도였다. 갖가지 경험들로 인생에 반짝반짝 윤기를 더할 줄 아는 신애 앞에서 내 삶이 더없이 삭막하게 느껴졌다. 그녀가 부러운 한편 나 자신이 초라하게 느껴지는 순간이었다.

'평범하지만 행복하게 살고 있다고 여겼는데…….
난 진정으로 행복한 삶을 살고 있는 걸까?'

이런저런 생각을 하며 신애의 이야기를 경청하고 있는데 갑자기 Dew의 목소리가 나의 귓전을 깨웠다. Dew는 캐나다로 놀러 오라는 친구의 인사치레에 올여름에 꼭 가겠다고 호언장담을 하고 있었다.

Dew의 말에 흥분하며 즐거워하는 신애 부부 틈에서 깜짝 놀란 나는 Dew의 얼굴을 쳐다보았다. 소심쟁이 남편이랑 산 지 4년째지만 Dew의 얼굴에서 그처럼 결의에 찬 표정을 본 건 그때가 처음이었다.

'저~ 저기 남편, 우리가 그럴 상황이 아닌데…….'

나는 그런 남편의 모습이 이해되지 않았다.

'원래 저런 사람이 아닌데……'

상 위에서 지글지글 타고 있는 삼겹살을 두고 방바닥에 떨어진 삼겹살 한 점을 주워 먹겠다고 투정 부리는 지아를 달래는 나의 마음속에서 걱정거리가 뭉글뭉글 피어났다.

'남편은 사업을 해야 하고, 나는 일을 해야 하고, 지아는 유치원에 다녀야 하고…… 게다가 돈도 그렇고. 우리에게 그럴 여유가 있을까?'

그날 밤, 집에 온 후 나는 Dew와 진지한 얘기를 나누었다. 대화를 나누는 내내 '당장 떠나고 싶다'는 욕망과 '그냥 올여름은 이렇게 지내다가 나중에 조금 더 여유가 생기면 떠나자'라는 두 개의 마음이 분열을 일으켰다.

"지금 저지르지 못하면 우리에게 언제 기회가 올지 몰라! 후회를 하더라도 일단 다녀와서 하자."

결국 우리는 무모할 수도 있지만 이번 기회에 떠나보자는 결론을 내렸다. 그림 그리는 일도 한 템포 쉬고, 남편 사업도 잠시 접고, 지아 유치원노 한 달간 미루자고.

"그래, 기왕 이렇게 결정한 거, 일과 육아에 매달린 지 4년 만에 온 가족이 총출동해서 스트레스나 풀고 돌아오자고."

"뭐? 일을 쉰다고?"

"뭐? 지아를 데리고 여행을 하겠다고?"

우리의 결정을 들은 주위의 친구들과 가족들은 많은 우려를 나타냈다.

그럴 때마다 나는 이렇게 이야기하며 스스로를 합리화시켰다.

"한 달 쉰다고 해서 우리 집이 무너지겠어? 한 달 더 일한다고 해서 무슨 부귀영화를 누린다고! 지아도 우리만큼 모든 걸 보고 듣고 느끼고 기억하는 똑똑한 아이니까 함께 가도 무리가 없을 거야. 분명 이번 여행을 둘도 없는 좋은 추억으로 만들 수 있을 거야."

네 살배기 어린아이와의 동행……. 말은 그렇게 했어도 막상 결정을 하고 준비를 하자니 우리에겐 이런 날을 대비한 여행 통장 하나 없었고, 어디서부터 어떻게 해야 할지 막막함에 불안감만이 스멀스멀 밀려들뿐이었다.

'그래, 이제부터 차근차근 준비하면 될 거야!'

우리는 불안한 마음을 가까스로 다독이며 여행 준비에 돌입했다.

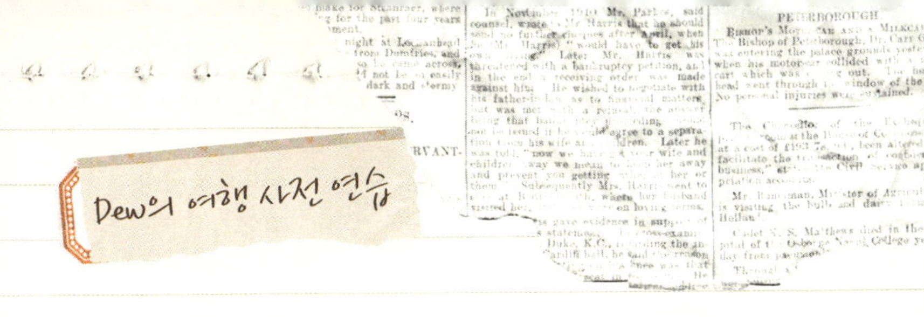

1. 밤마다 지아를 붙잡아 놓고 우리가 여행 갈 곳에대해 교육시켰다.

2. 스튜어디스 놀이하기
   비행기 탈 일을 대비해 집에서 비행기 탑승 예절을 가르쳤다.

미국으로 떠나는 날. 우리 가족은 짐을 들고 공항으로 향했다. 공항은 어른 아이 할 것 없이 언제나 설렘과 흥분을 가져다준다. 공항에 도착하자마자 내 가슴속에서 묘한 흥분이 일었다. 지아에게 우리가 탈 비행기를 보여주자 눈이 똥그래졌다.

"우와, 비행기 되게 뚱뚱하다!"

아이의 표현은 정확했다. 가까이서 본 비행기는 내 눈에도 거대하고 아랫배가 볼록한 게 꽤 풍채가 있었다.

탑승을 알리는 안내에 따라 드디어 비행기 탑승! 나는 창가 쪽 자리를 지아에게 양보했다. 지아는 앉자마자 신기한 듯 접이식 식탁을 내려 펴고는 마치 준비했다는 듯이 그림 도구와 작은 노트를 꺼내 그림을 그리기 시작했다.

기나긴 비행 시간에 무엇을 해야 할지 미리 계산이라도 하고 온 것일까?

비행기에 오르자 지아도 마음속에서 여행에 대한 기대가 싹튼 것일까?
무척이나 열중해서 그림을 그리기 시작했다.

비행기 안에서

비행기 예약 시 미리 주문해놓은
지아의 어린이식
물
젤리뽕
우유
WATER
MILK
버터&잼
파이
냅킨
포크, 수저, 나이프
햄버거&감자튀김
최신 영화를 보느라 11시간 동안 한숨도 안 잤다.
좁긴 하지만
영화도 보고 좋긴 하네
미국...
미국...
여행에 대한
두려움은 일단 잊자!
영화감상이나 해야지...

Viu's
티셔츠
반바지
스커트
청바지
후드점퍼
수영복
쪼리
화장품, 선크림
수건 2장
모자 2개
비상용 우산
휴대용 라디오
로모카메라
운동화
선글라스
차 안에서 틀을 CD
국제면허증, 여권
Canon G7
Dew's
티셔츠, 남방
청바지
반바지
모자
운동화
소지품 가방
선글라스
세면도구들
수영복가방
국제면허증

Jia's
티셔츠
GAP
원피스
반바지
스커트
지아 속옷들
선글라스, 선크림
담요
추위를 대비한 따뜻한 옷들
sketch Book
color pencil
그림책과 스케치북, 색연필
수영복, 비치가운, 슬리퍼
장화, 우비
지아전용 카시트
구급약통
체온계
상처용 연고
일회용 밴드
버물리
접이식
유모차
water tissue
물티슈
비상용
오줌통

part. 2

먼지바람 날리며……
달리다

3 아치스
Arches
브라이스캐니언
Bryce Canyon
National Park
4
2 모뉴먼트 밸리
Monument Valley
1 그랜드캐니언
Grand Canyon
National Park
Camping

Travel 1.
그랜드캐니언

LA를 벗어나 I-40E 고속도로에 오르자 마치 배경 스킨이 짠~ 하고 바뀌듯
우리 눈앞으로 영화 「아이다호」의 한 장면이 펼쳐졌다.
끝없이 펼쳐지는 아스팔트 길, 새파란 하늘과
환상적인 조화를 이루는 흰구름. 마른 풀과 여러 모양의 관목들,
가끔씩 거친 소음을 내며 앞질러 달려가는 자동차……

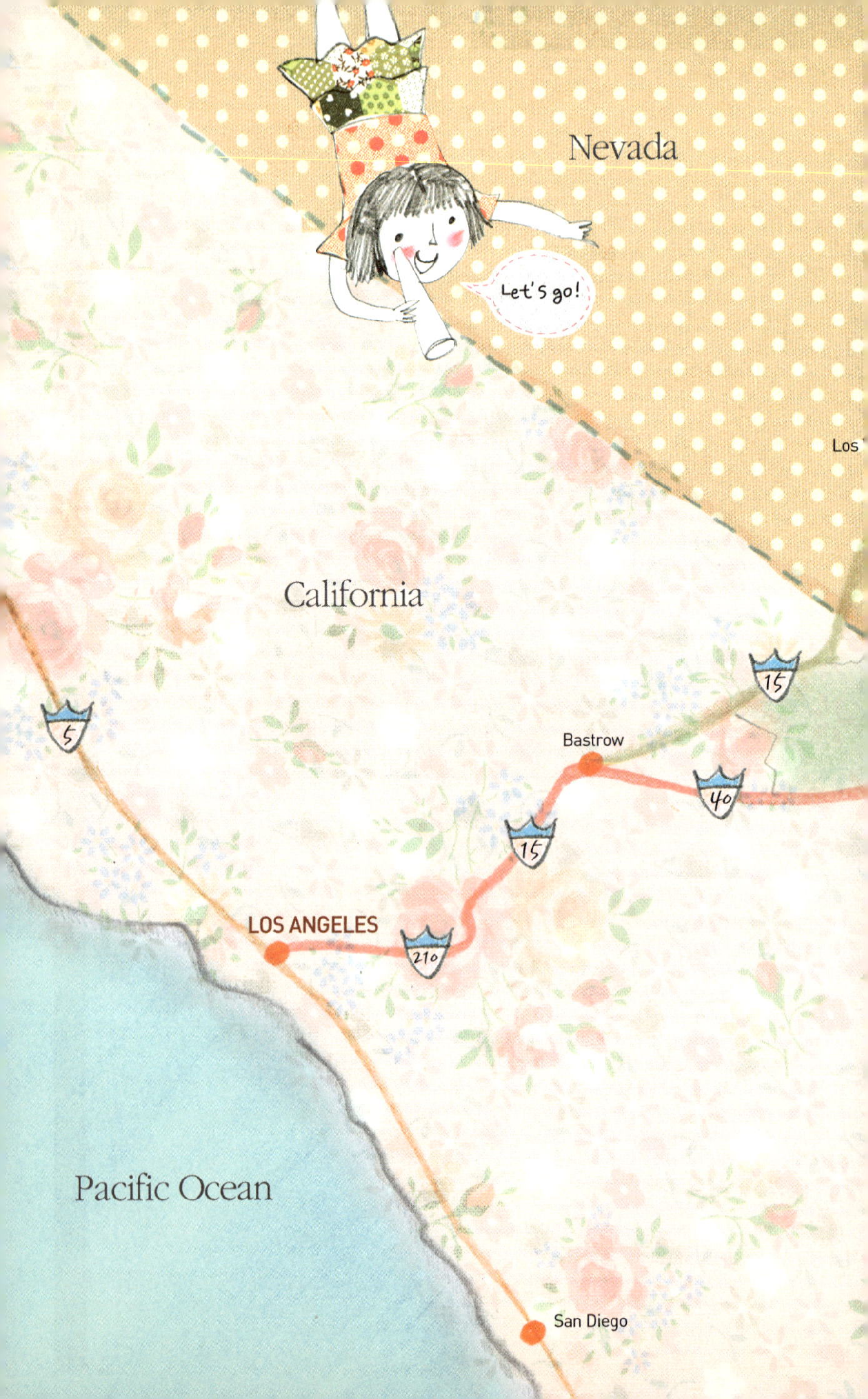

Nevada
Los
California
Let's go!
Bastrow
15
15
40
15
LOS ANGELES
210
5
Pacific Ocean
San Diego

LOS ANGELES에서 그랜드캐니언 가는 길

총 거리 약 500miles(805km)

예상 소요 시간 7시간 30분

LA에서 Bastrow까지 약 2시간(125miles) → Bastrow에서 Needles–Kingman–Williams 까지 약 4시간 30분(319miles) → Williams에서 Grand Canyon National Park까지 약 1시간(55miles)

※ 우리 가족은 LA에서 자동차를 렌트했어요.

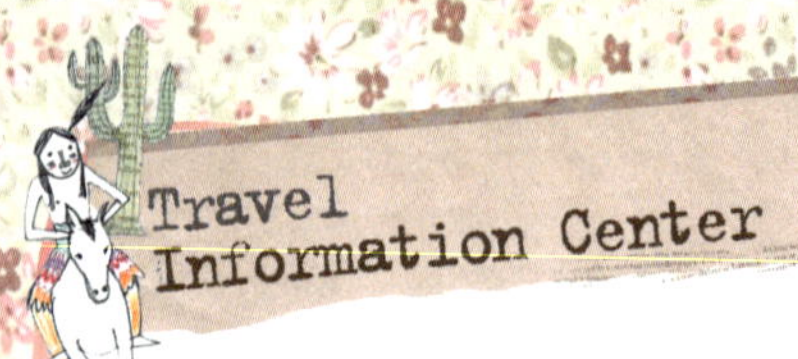

그랜드캐니언은 어떤 곳일까?

그랜드캐니언은 미국 애리조나 주 북부에 있는 거대한 협곡으로, 길이 447km, 너비 6~30km, 깊이 1,500m에 이르는 세계에서 가장 깊은 협곡이다. 20억 년 전에 생성된 것으로 추정되는 이 협곡은 깎아지른 듯한 절벽, 다채로운 색상의 단층, 높이 솟은 바위산과 형형색색의 기암괴석, 도도히 흘러가는 콜로라도 강이 어우러져 장엄한 파노라마를 연출하고 있다. 사진이나 영화 속 배경 등을 통해 눈에 익어서인지 미국 자연 공원 중 하나를 뽑으라면 많은 사람이 그랜드캐니언을 꼽는다고 한다. 우리의 여행 중에서 관광객을 가장 많이 볼 수 있었던 곳도 그랜드캐니언이었다. 동양인(한국, 중국, 일본) 대상 여행사의 패키지 여행객들은 하루 코스로 버스를 타고 돌아다니며 주요 뷰포인트(Viewpoint)만 지나쳐 가는 경우가 대부분이다. 하지만 몇 시간도 안 되는 패키지 코스로는 거대한 그랜드캐니언의 진면목을 다 볼 수 없다. 그랜드캐니언의 입장료 20달러는 그랜드캐니언을 3일 동안 감상할 수 있는 금액이다. 여기서 알 수 있듯이 그랜드캐니언을 관광할 수 있는 기간을 공원에서는 최소 3일로 산정해두고 있으므로, 공원의 진가를 온전히 알기 위해서는 그만큼 많은 시간을 이곳에서 머물 필요가 있다.

많은 사람이 알고 있는 그랜드캐니언의 대표적인 얼굴은 실은 사우스 림(South Rim)이라 불리는 남쪽 가장자리에서 바라본 모습이다. 하지만 이는 그랜드캐니언의 일부분일 뿐이다. 실제로 그랜드캐니언의 모습은 다양하다. 그 대표적인 게 동쪽, 서쪽, 북쪽이다. 그러나 사우스 림이 365일 항상 공원을 개방하는 데 반해 북쪽 가장자리인 노스 림(North Rim)은 겨울이 시작되는 10월 중순부터 이듬해 5월 중순까지는 문을 닫는다. 사우스 림이 다양한 관광 편의시설과 교통시설이 잘 갖춰져 있는 데 반해 노스 림은 전혀 개발되어 있지 않다. 또 서쪽 가장자리인 웨스트 림(West Rim)은 일부만 사우스 림과 셔틀버스로 연결되어 있어, 다른 웨스트 림의 모습을 보기 위해서는 자가용이나 다른 교통수단을 이용해야 하는 불편함이 있다. 또한 아직 개발되지 않은 곳도 있으니, 사전에 여행 경로에 대한 철저한 조사가 필요하다. 현재 웨스트 림 쪽으로 관광객을 모으기 위해 말굽 모양의 유리 다리 위에서 그랜드캐니언의 협곡을 내려다볼 수 있는 스카이 워크(Sky Walk)를 만드는 등 웨스트 림 개발이 한창 진행 중이다. 동쪽(East Rim)은 주로 남쪽에서 오는 관광객들이 다른 풍경을 보기 위해 이스트 게이트(East Gate) 쪽을 향하며 관람하거나 애리조나 동쪽에서 오는 관광객들이 그랜드캐니언을 보기 위해 들어오면서 접하게 되는 곳이다. 63번 국도가 사우스 게이트(South Gate)와 이스트 게이트로 연결되어 있기 때문에, 자가용으로 관광하는 사람들이 동쪽에 있는 뷰포인트를 보기 위해 선택하는 루트이기도 하다.

참고 사이트 미국 국립공원 홈페이지 www.nps.gov

1년 이용 가능한 국립공원 패스를 구입하자!

　미국의 국립공원마다 차이가 있지만, 대다수 국립공원의 경우 차량당 25달러 전후를 내야 한다. 그렇기 때문에 만약 여러 곳의 국립공원을 방문할 계획이 있다면 국립공원 패스를 구입하는 것이 좋다. 1년 패스는 처음 입장한 날로부터 1년 동안 미국 내의 모든 국립공원을 무제한으로 들어갈 수 있으므로 4곳 이상의 공원을 다닐 계획이라면 1년 이용 패스가 더 저렴하다. 첫 번째로 입장하는 국립공원에서 80달러를 내고 패스를 구입하거나 인터넷으로 미리 구입하면 된다.(미국 국립공원 입장권은 할인이 없다.)

　패스를 미처 구입하지 못하고 이미 공원 몇 곳을 관람했을 경우 지나왔던 공원들의 영수증을 제시하면 그 금액을 제외한 돈만 내고도 패스를 살 수 있다. 만약 미국에 친척이나 친구가 살고 있다면 부탁해서 국립공원 패스를 사놓는 것도 좋다. 신분증이나 여권 등에 붙어 있는 사진과 비교하는 일도 없거니와 패스에 사진은 물론 이름도 기재하지 않는다. 이때는 단지 가입한 사람과 배우자의 서명만 들어가면 된다. 귀국할 때 사용 기간이 남은 패스를 그곳의 친척이나 친구들에게 선물로 주고 와도 Good!

여행 준비 중 꼭 들어가 봐야 할 참고 사이트

· 그랜드캐니언 공원 이용 안내 사이트
www.nps.gov/grca
· 그랜드캐니언 주차장 및 셔틀버스 노선
www.nps.gov/grca/planyourvisit/upload/2008sum-bus-map.pdf

운전하는 아빠, 지도 보는 엄마

차 창문을 열었다. 달리는 차 안으로 시원한 바람이 들어왔다. 해방감이 불끈불끈 솟아올랐다. 나는 연신 사진을 찍어댔다. 분명 이 장면을 사진에 담아놓으면 사진을 볼 때마다 여행을 떠나고 싶은 충동이 일어나리라.

열심히 엑셀러레이터를 밟던 Dew, 사진 찍기에 몰두하는 내게 소리쳤다.

"지금 어디쯤이야? 지도를 잘 봐둬. 그래야 나중에 어디를 지나갔는지 기억할 수 있다고."

'물론 여기가 어딘지 기억해야겠지. 하지만 지금 그게 무슨 상관이야. 난 지금 자유를 만끽하고 있다고! 내 안의 자유를 말이야. Dew, 제발 나를 이 지도 속에 묶지 마.'

속마음은 그랬지만 Dew의 강요에 못 이긴 나는 구글 Google에서 검색한 지도를 체크하며 목적지까지 남은 시간을 계산했다. 아빠는 속력을 내고 엄마는 지도를 살펴볼

때 뒷자리의 지아는 혼자서 재잘재잘
까분다.

"엄마! 이거랑 이거 먹을래~."

"아빠, 이거 마시고 싶어~."

튼튼한 카시트에 앉아서 풍경이고 뭐고 여
행 전에 준비해둔 과자에만 관심을 보이는 지아. 이것저것 먹고 싶은 것
을 다 뜯어보더니 이내 잠이 든다.

'지아야! 저 넓은 대자연을 봐, 너도 엄마처럼 오랜만의
자유를 느껴보렴.'

역시 네 살짜리 아이에게는 무리였던 걸까? 지아는 이번 여행이 우리
가족에게 얼마나 소중한 추억이 될지 알고 있을까? 허망한 눈으로 지아
를 바라보자니, 지아가 아직 익숙해지지 않은 시차에 적응해가며 답답한
카시트에 잘 앉아 있어주는 것만도 엄마 아빠에게는 고마운 일이 아닐까
하는 생각이 들었다.

그래그래, 고마운 거야.

차 안에서의
우리 가족 모습

침낭
짐가방&에어베드
카시트
휴대용베개
햇빛가리개
마실 게 가득한
아이스박스
지아 그림책
비상용 오줌통
지도
일기장
크라이슬러
PT-cruiser

한참을 달렸다. 몇 개의 도시를 지났을까? 장난감 카메라의 필름을 돌려감듯 주변의 경관이 몇 번이나 바뀌었는지 모른다. 초원이 드넓은 나지막한 산이 나타났고, 때론 고요히 풀을 뜯어 먹는 소떼우리나라 소와는 다른 커다란 몸집을 자랑한다.들이 보였다. 아름답게 지어진 새 주택들로 군락을 이룬 마을이 있는가 하면, 영화 「바그다드 카페」에 나올 법한 작고 허름한 건물들이 하나 둘씩 눈에 띄는 인적이 드문 마을도 있었다. 경부고속도로를 타고 수원, 친안, 대진, 김천, 내구를 시나가며 나타나는 천편일률적인 도시의 느낌과는 사뭇 달랐다.

'와! 저런 곳에서 어떻게 살지?

빽빽한 도시 속에서 이웃과 살을 붙이고 살아왔던 나에게 획일적인 틀을 벗어나 다양함 속에서 조화를 이룬 미국 소도시의 모습은 꽤 자극적으로 다가왔다.

'이런 도시들이 진작 내 머릿속에 있었더라면……'

나는 다짐했다. 언제라도 도시의 이미지를 그려야 할 때가 온다면 반드시 오늘 본 이 모습들을 기억해내리라고.

'그래, 여행은 이런 거였어.'

여행을 떠나기 전 나는, 단순히 일상적인 삶을 멈추는 것에 두려워했다. 하지만 여행은 오히려 더 멀리나가기 위한 방법을 가르치고 있었다. 보다 높고 보다 넓은 인생에서 나아가게 해주는 방법을······.

처음 Dew가 여행을 떠나자고 제안했을 때는 뜬금없는 일이라 당황했다. 심지어 그에게 무책임하다며 화를 내기도 했다. 하지만 지금은······ 이렇게 떠날 수 있게 해준 Dew가 너무나 고마웠다.

THANKS, DEW!

꼬마 여행자의 필수 코스, 맥도날드

　아이와 여행 중에 식사를 해결하기 쉬운 장소는 바로 패스트푸드점. 한국에서도 맥도날드라면 광적으로 좋아하는 지아에게 이번 여행에서 맥도날드를 만난 건 더없이 반가운 일! 더·맛있는 한 끼를 먹고 싶어도 우리는 지아의 뜻을 따라야 했다.

　건조하고 뜨거운 사막지대를 몇 시간 동안 달려 우연히 찾은 맥도날드 매장은 시원한 냉장고 안에 들어온 듯한 착각을 일으켰다. 매장 한편에는 아이들을 위한 제법 큰 규모의 플레이 존도 마련되어 있었다. 한국에도 플레이 존이 설치된 매장이 몇 곳 있다. 한국과 비슷한 맥도날드만의 인테리어와 색상 때문인지, 해피밀 포스터부터 보고 달려가는 지아. 아이들 머릿속에 각인된 브랜드가 외국 소유의 기업이자 그들 문화의 상징이라는 점이 조금 안타까워지는 순간이기도 했다. 햄버거를 주문하기 무섭게 플레이 존으로 달려간 지아는 지루하고 답답했던 카시트에서의 생활은 싸악 잊어버린 듯이 마음껏 뛰어놀기 시작했다. 쿠션이 깔린 푹신한 바닥에서 맨발로 뛰어노는 아이들은 저마다 신나 보였다. 그동안 지나온 아름다운 풍경에는 별 반응을 보이지 않았던 지아가 모처럼 밝은 표정으로 재미있게 노는 걸 보자 한편으로는 서운한 마음도 들었다.

'지아가 이번 가족여행의 의미를 좀 더 알아줬으면……'

하지만 아직 어린 지아에게는 그 어떤 아름다운 풍경보다 놀이가 더 우선이리라. 사막 한가운데서 오아시스를 만난 것처럼 어린아이다운 방식으로 자신의 갈증을 해결하는 지아를 보면서, 나는 남은 여행 내내 지아 위주의 계획에서 벗어나지 말자는 각오를 다졌다.

아이와 함께하는 고속도로에서의 점심, 어떻게 해결할까? 

1. 엄마표 도시락이 최고!

누가 뭐라 해도 아이들에게 영양 많고 맛 좋은 식사는 엄마의 정성이 가득 담겨 있는 엄마표 도시락이 최고. 미국을 여행하다 보면 우리나라의 대형마트와 같은 Grocery Store Safeway, Target, Wal-Mart 등을 쉽게 만날 수 있다. 값싸고 신선하며 맛 좋은 빵, 치즈, 채소, 햄 등 영양은 물론이고 아이들의 입맛을 사로잡을 수 있는 재료들을 구입하여 간단한 샌드위치나 샐러드를 만들어보자. 고속도로 중간에 잠시 멈춰 서서 직접 만든 음식을 펼쳐놓고 짧은 피크닉을 가져보는 것도 좋은 추억이 될 것이다. 뒤의 고속도로 휴게소 정보 참고 전날에 아침을 제공하는 모텔에서 쉬었다면, 비치되어 있는 소포장의 잼과 버터, 또는 플레인 요구르트를 몇 개 집어오도록 하자. 간단한 몇 가지 식재료가 훌륭한 피크닉 식단으로 변신할 수 있다.

2. 한국인은 모름지기 한식을

외국을 여행했던 한국 사람들 대부분은 타지 음식에서 느끼함을 호소하는 경우가 많다. 그래서 빵에 고추장을 발라 먹었다든지 하는 에피소드가 생겨나기도 한다. 우리 가족, 특히 아이는 역시 점심을 빵이나 패스트푸드로만 해결할 수 없다는 생각에, 몇 가지를 준비해 갔다. 미니 밥통, 김, 장조림과 장아찌가 바로 그것. 미국 모텔이나 호텔에서는 숙식이 불가능하다. 특히 고유의 냄새가 강한 찌개를 끓여 먹는 것은 더더군다나 어렵다. 그러나 냄새도 없고 불도 필요로 하지 않는 전기밥통이라면 OK! 잠자리에 들기 전에 취사를 눌러놓고 다음 날 출발하기 전에 취향에 맞는 장조림이나 장아찌를 넣은 간이 주먹밥이나 김밥을 만들어 가면 아이뿐만 아니라 어른들도 만족하는 점심이 될 수 있다. 아침을 제공하지 않는 모텔이라면 아침 식사를 손수 해결할 수 있는 방법이기도 하다.

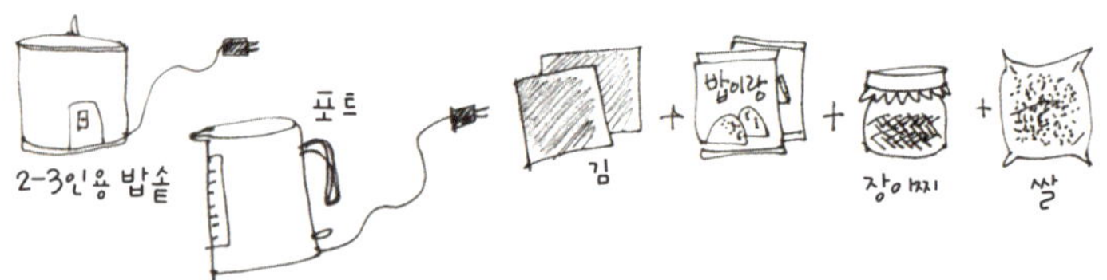

3. 빠른 식사 제공과 시원한 바람이 있는 패스트푸드점

패스트푸드의 가장 큰 장점은 빠르다는 것. 게다가, 뜨거운 햇볕에 지친 여행자에게 시원한 에어컨 바람과 편안한 장소를 제공해주기까지! 여기에 한 가지를 더 추가한다면 영어를 못하는 여행자에게 그리 많은 영어를 요구하지 않는다는 점이다. 단지 사진을 보고 그 사진 옆에 적혀 있는 숫자만 말하면 주문 끝! 한국에도 다양한 패스트푸드점이 있으므로, 미국 패스트푸드점만의 장단점을 거론한다면 다음과 같다.

맥도날드 & 버거킹 & 웬디스 & 잭인더 박스

세계적인 패스트푸드 브랜드들인 만큼 미국 고속도로에서도 가장 많이 볼 수 있다. 이미 익숙한 메뉴와 아이들이 뛰어놀 수 있는 플레이 존을 갖춘 곳이 많다는 게 장점. 단, 왠지 햄버거는 영양가는 없고 칼로리만 높아 살이 찔 것 같은 의심이 든다.

타코벨 & 데니스

이 두 업체는 한때 한국에 상륙했다 물러났다.(타코벨은 1980년, 데니스는 1987년에 들어왔었다.) 그 이유로는 패스트푸드는 싼값에 먹을 수 있는 음식으로 유명한데, 한국에서는 두 업체의 음식이 상당히 비싼 값에 판매되었기 때문이 아닌가 생각된다. 영화 「데몰리션 맨」에서 실베스터 스탤론이 미래의 도시 지도자가 초대하는 고급 레스토랑이 '타코벨'이라는 사실을 알고 깜짝 놀랄 정도였으니, 미국인들에게도 패스트푸드점은 간단한 식사를 싼값에 해결하는 곳으로 인식되고 있다. 타코벨(Tacobell)은 타코(Taco)나 브리토 등 멕시코 음식을 먹을 수 있는 패스트푸드점으로, 햄버거가 지겨워질 때 한두 번 먹으면 좋다. 한국에서는 자주 먹을 수 없는 음식이란 것이 장점. 단점은 입맛에 안 맞는 사람도 있다는 것. 데니스(Denny's)는 편안하게 앉아서 서빙을 받는 레스토랑이다. 아침과 점심은 주로 갓 구운 팬케이크과 달걀 프라이, 베이컨 등 미국식으로 나온다. 커피 맛도 괜찮은 편이지만 셰이크를 추천한다. 맛도 맛이지만 양이 어른 셋이 나눠 먹어도 좋을 만큼 많다. 단점이라면 일반 패스트푸드보다 비싸고 서빙을 받으며 식사를 하다 보니 식사 시간이 긴데다 큰 도시가 아니면 찾아보기 어렵다.

물론 다른 좋은 방법들도 있겠으나 우리 가족은 이 방법들을 통해 여행 중에도 만족스럽게 점심을 해결할 수 있었다.

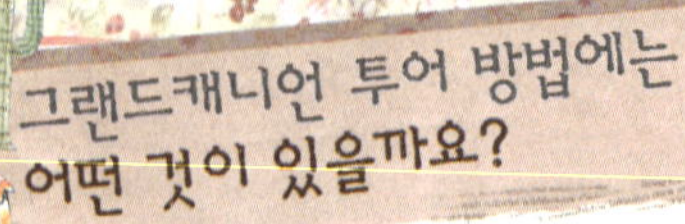

그랜드캐니언 투어 방법에는 어떤 것이 있을까요?

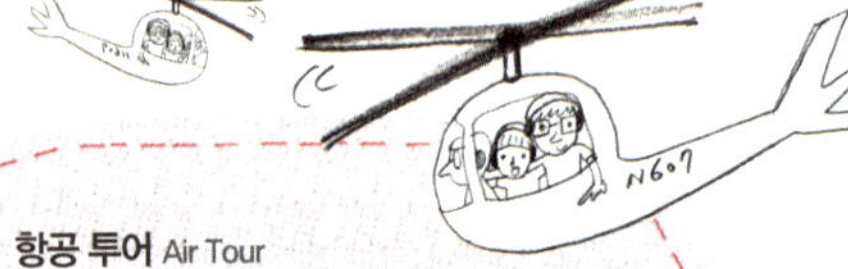

01 항공 투어 Air Tour

주로 라스베이거스나 그랜드캐니언 공항에서 출발해 그랜드캐니언의 대협곡을 하늘 위에서 바라볼 수 있는 헬리콥터나 경비행기 투어. 단점이라면 가격이(대략 1인당 200달러) 매우 비싸고 아이들이 겁먹을 수 있다는 것.

02 사우스 림 셔틀버스 투어 South Rim Bus Tours

사우스 림의 대표적인 셔틀버스 관광. 많은 관광객이 선택하는 관광으로 국립공원에서 제공하는 셔틀버스를 타고 정해진 노선을 따라 뷰포인트에 내려 그랜드캐니언의 절경을 구경한다. 셔틀버스는 환경오염을 막기 위해 무공해 천연가스로 운행 중이다. 아이나 노약자와 여행할 때는 걷는 거리가 적고 버스 안에서 더위를 식힐 수 있다는 장점이 있다. (지아 가족이 선택)

03 하이킹 Hikes North and South Rim

그랜드캐니언 곳곳에 있는 유명한 하이킹 트레일(Trail)
을 따라 걷는 관광이다(South Kaibab Trail, Hermit
Trail 등). 몇몇 트레일을 통해서는 캐니언 아래쪽에 있는 콜로라
도 강까지 걸어갈 수도 있다. 그러나 그 길은 살인적일 정도로 험난하고 거리도 만
만치 않다. (South Kaibab : 그랜드캐니언 꼭대기에서 캐니언 협곡 맨 아래까지
거리, 7마일이나 된다.) 트레일을 걷다 보면 뷰포인트에서는 보이지 않던 그랜드캐
니언의 숨겨진 많은 절경들을 볼 수 있는 장점이 있다. 단점이라면 매우 덥고 힘든
코스인 탓에 많은 주의와 튼튼한 체력이 요구된다는 겟 고로 아이와 함께할
수 없다. (Dew만 선택)

04 노새나 말을 이용한 라이드 Mule Trips & Horse Rides

정해진 트레일을 노새나 말을 타고 내려가 보는 방법.
이 역시 하이킹과 마찬가지로 천천히 그랜드캐니언의
숨은 절경을 파노라마로 감상할 수 있다. 그러나 동물의
힘을 빌려야 하므로 가격(3시간에 117.40달러부터 시
작)이 비싸고, 매우 인기 있는 관광이어서 예약이
1년 후까지 꽉 차 있다.

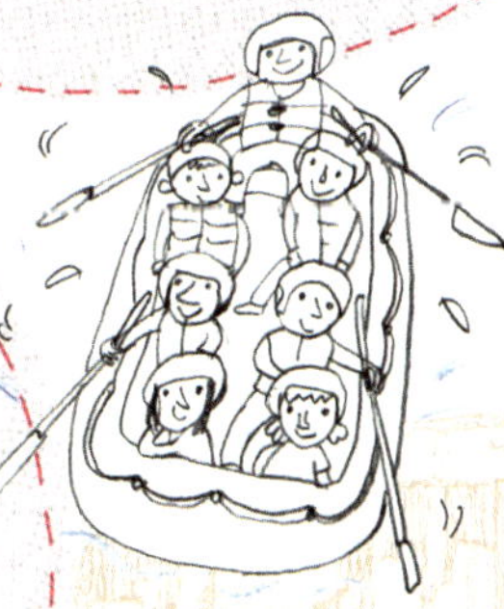

05 래프팅 Water Raft Trips

콜로라도의 파란 강줄기를 따라 그랜드캐니언의 절경을
올려다보는 관광. 빠른 물살을 타는 래프팅도 있지만, 관광
을 위해 천천히 가는 래프팅 트립도 있다. 장점은 특별한 경험
을 제공한다는 것과 새로운 시각에서 그랜드캐니언을 감상할
수 있다는 것. 단점은 가격(약 75달러)이 매우 비싸고 배를 타기
위해 다른 장소로 이동해야 한다는 점이다. 또 아이가 미국
나이로 네 살 이상이어야 한다.
(지아는 여행 당시 생일이 지나지 않아
어쩔 수 없이 포기했던 방법)

그랜드캐니언 입성!
캠핑장에서의 첫날밤

고속도로를 달린 지 7시간 반. 다행히 해가 지기 전에 그랜드캐니언 남쪽 공원 입구South Entrance에 들어섰다. 그랜드캐니언의 간판이 보이자 차 안에서 장시간 동안 시달렸던 피곤함이 사르르 녹아내렸다. 뒷자리의 지아에게 우리의 도착을 알리자 얼른 내리고 싶다는 듯 창밖을 유심히 내다보았다. 하지만 아쉽게도 입구부터 캠프장까지는 그랜드캐니언의 멋진 석양이 보이지 않는데다 전과 다르지 않은 풍경이 이어졌다. 그래서인지 지아의 시선은 다시 차 안의 장난감으로 향했다.

'지아야, 오늘은 일단 숙소를 마련하고, 내일 해가 뜨면 너에게 정말 멋진 자연의 신비로움을 보여줄게.'

자, 이제 사우스 림 캠프장South Rim Campground으로~!

애리조나의 윌리암스Williams라는 도시에서부터

그랜드캐니언 공원으로 향하는 64번 도로를 탄 우리는 남쪽 입구로 들어서자마자 약 3마일 떨어진 마더스 캠프장Mather's Campground : 사우스 림 캠프장 중 하나으로 향했다. 캠프장 입구에 있는 인포메이션 창구에서 예약 확인을 하고, 예약한 캠핑 자리를 찾아 다시 차를 타고 숲 속으로 들어갔다.

'과연 우리 자리를 잘 찾을 수 있을까?'

거대한 그랜드캐니언 공원의 규모만큼이나 엄청난 규모를 자랑하는 캠프장인지라 헤매지는 않을까 걱정되었다. 하지만 걱정도 잠시. 미로처럼 여러 갈래로 나뉜 길 사이로 친절한 표지판이 적절한 장소에 배치되어 있었다.

우거진 수풀 속 텐트와 주차된 캠핑카들 사이로 'No. 299'라는 숫자가 시야에 들어왔다. 한 달 전 Dew와 머리를 맞대고 인터넷으로 예약한 바로 그 자리를 가리키는 숫자가 대문짝만큼 커다랗게 보였다. 우리가 이 자리를 고른 이유는 5m 내에 화장실이 있고, 수도와 전기를 가까이서 쓸 수 있기 때문이었다. 하지만 컴퓨터 화면 속 지도만 보아서는 실제로 어떨지 몰라, 한국에서 Dew와 한바탕 논쟁을 벌이기도 했다.

'정말 여기가 좋은 자리일까? 혹시 지저분하진 않을까?'

'가격이 싼 게 좀 수상한데……. 차라리 캐빈이나 모텔에서 자는 게 더 낫지 않을까?'

'화장실이 너무 가까워서 냄새가 나지 않을까? 난 화장실 냄새 나는 곳에서 자는 건 정말 싫은데…….'

이런 기우와 달리 No. 299는 주변에 넓은 터와 커다란 나무들이 있었고, 화장실이 가까이 있어도 주변이 워낙 깨끗해서 화장실 근처라는 것

우거진 수풀 속 텐트와 주차해놓은 캠핑카들 사이로
'No. 299' 라는 숫자가 시야에 들어왔다.

이 오히려 큰 이점으로 작용했다. 게다가 캠프사이트 바로 옆에 차를 두 대 정도 세워둘 수 있어 짐을 꺼내기도 쉬웠다. 그야말로 상상 이상, 최적의 자리였다.

Dew, 우리의 선택은 역시 최고였어!

그랜드캐니언 공원 안의 캐빈과 모텔 등 이용할 수 있는 많은 숙소를 두고 이곳을 선택하길 잘했다는 생각이 들었다. 가격이 저렴하고, 공원 안의 신선한 공기도 실컷 마실 수 있고. 다만, 이거야말로 일거양득이라며 자신의 탁월한 선택을 자랑하는 Dew를 계속 바라봐야 하는 건 일종의 부작용이었다. 잠시 동안 자기만족에 빠져 있던 우리는 차에서 이번 야영을 위해 새로 구입한 텐트를 꺼냈다. 생전 처음 해보는 야영인데다 텐트를 치는 것도 처음이었다. 우리는 사소한 혼란 속에서 주변의 다른

텐트를 흘깃흘깃 보아가며 텐트 모양을 잡아나갔다. 지아는 다 완성되기도 전에 텐트 속에 들어가서 뒹굴고 넘어지며 마치 놀이터인 양 좋아했다.

"지아야! 아직 다 된 게 아니야! 해지기 전에 얼른 다 만들어야 해. 빨리 나와!"

새로운 경험에 흥분한 지아를 보자, 나의 마음은 흐뭇해졌다.

드디어 텐트 완성. 초록빛 숲과 텐트 안으로 노란 저녁 햇살이 들어와 아늑한 분위기를 자아냈다. 그랜드캐니언의 절경이 보이지는 않았지만, 순간 정신이 몽롱해지면서 언젠가 본 듯한 미국 드라마나 영화 속에 들어와 있는 것 같은 착각이 들었다.

어라? 이 장면 어디서 많이 봤는데…….

「내일을 향해 쏴라」? 「무법자」? 아니면…….

텐트를 치고 저녁식사를 준비할 때쯤 어디선가 터벅터벅 말발굽 소리
가 나더니 관리인으로 보이는 젊은 여성이 말을 타고 다가왔다. 서울 시
내에서 외국인을 만났을 때처럼 혹시나 그녀가 말을 걸까봐 심장 박동
이 점점 빨라졌다. 그렇다. 미국에 여행 온 나는 아직도 영어 공포증에
시달리고 있었던 것이다. 이런 나와 달리 Dew는 전혀 떨리는 기색 없이
당당하게 그녀를 맞이했고, 대화를 이끌어나갔다.

관리인 : Hi, did you enjoy your time here? 안녕하세요! 오늘 하루 어떠셨어요?

Dew : Yeah~ it was great! 네~ 아주 좋았어요!

관리인 : How's it going getting your tent set up? 텐트 치는 건 잘되던가요?

Dew : It's going okay, we just got here, but the tent is almost set up already. 네, 좀전에 도착했는데 텐트를 거의 다 쳤어요.

관리인 : Can I do anything to help? 제가 도와드릴 건 없나요?

Dew : No, that's okay! we're going to make dinner soon. Would it be okay to make a fire? 텐트가 완성되면 저녁을 만들어 먹으려고 하는데 여기서 불을 피워도 되는 거죠?

관리인 : Actually, no. we do not allow charcoal or wood fires in the park. 공원 안에서 숯이나 나무로 불을 피워서는 안 돼요.

'어, 분명히 인터넷 정보에는 가능하다고 해서 모닥불 피우고 찰리 브라운처럼 마시멜로도 구워 먹고 핫 초콜릿도 먹으려고 했는데……. 이제 와서 어쩌란 말이야~.'

Dew : Really? The website said it was okay.

정말인가요? 인터넷에는 가능하다고 되어 있었는데.

관리인 : It used to be allowed, but the policy was recently changed. You probably got old information. I'm sorry, but fires are no longer allowed. Do you have any other questions?

옛날엔 가능했는데 공원법이 바뀌었어요. 예전 정보를 보셨나 보네요. 안됐지만 이젠 불을 피울 수 없어요. 다른 건 물어볼 게 없으신가요?

Dew : No. Maybe later. Thanks, anyway.

아니. 물어볼 게 생각나면 그때 질문할게요. 고마워요.

낯선 곳에서의 색다른 경험, 마치 다른 사람들이 못하고 있는 것을
나 혼자 하고 있는 듯한 착각이 이미 나를 즐겁게 하고 흥분시키기에 충분했다.

말을 탄 공원 관리인은 미소를 지으며 인사한 후 다른 곳으로 향했다. 우리가 원한 건 모닥불을 피우는 낭만이었는데……. 여름밤의 모닥불이라는 낭만을 포기해야 하는 아쉬움에 적잖이 실망스러웠다. 하지만 공원과 잘 어울리는 멋진 제복에 말을 탄 공원 관리인의 등장은 유쾌한 경험이었다. 미국의 국립공원 캠프장에 온 것을 환영 받은 기분이 들면서 우리의 첫 캠프의 서막을 알려주는 것 같았기 때문이다. 만약 한국의 계곡이나 공원처럼 슬리퍼를 신고 전동 카트나 오토바이를 탄 동네 건달 같은 모습의 관리인 아저씨가 왔더라면……. 음…….

문득 우리나라 공원 문화의 어두운 현실이 새삼 떠올랐다. '잔디를 밟지 마세요', '취사금지', '쓰레기를 가져가세요' 라는 표지판이 가득한 우리 공원, 어디 편안히 쉴 곳이 있었던가. 게다가 자연과 함께 쉬려고

66

갔다가 불쾌한 마음만 생기게 하는, 한몫 챙기려는 상인들의 모습은 또 어떤가.

부디 우리 공원이나 휴양지에도 멋진 유니폼을 입은 관리인들이 친절한 미소와 인사를 건네며 다가왔으면 좋겠다. 더불어, 자연을 제대로 즐길 줄 아는 훌륭한 공원 문화가 형성되었으면…….

실망감 속에 혹시나 해서 챙겼던 버너를 꺼내고 준비해온 나무 땔감을 차에 다시 넣었다. 이런 우리와 달리 지아는 여전히 신나 있었다.

"엄마, 엄마! 아까 온 멋진 아줌마가 말을 타고 저쪽으로 갔어. 지금 다른 아저씨랑 얘기하고 있는데? 커다란 말을 타고 말이야!"

이런 지아를 보니 잠시 잊었던 여행의 본질이 기억났다. 집을 벗어나 야외에서 생활한다는 건 그 자체만으로도 충분히 들뜨는 일이다. 비록 캠프파이어는 좌절되었지만 나는 이거야말로 진정한 관광이라는 생각이 들었다. 유명한 장소에서 기념사진을 찍는 것에 몰두하기보다는, 동네

뒷산에서 캠핑하듯이 편안하게 그랜드캐니언의 자연을 누리는 것이 제대로 된 관광이라고 자평하기에 이른 것이다.

우리는 밥을 지어 먹고 의자에 발을 뻗은 채 낮잠을 자고 책도 읽으면서, 그랜드캐니언이 내주는 자연의 혜택을 한껏 누렸다. 대단한 캠핑 도구나 장비는 없었지만, 자연과 함께한 이틀은 무엇 때문에 서두를 이유도, 급하게 카메라의 셔터를 눌러 우리가 여기에 왔었다는 증거를 남길 필요도 없었다. 그랜드캐니언의 장엄한 풍경을 배경 삼아 아름다운 별들을 헤아려보았으니까. 해가 뜨고 해가 지는 동안 시시각각 변화하는 자연의 모습을, 그 경이로운 자연이 호흡하는 숨결을 보고 느꼈으니까.

누군가가 묻겠지, 그랜드캐니언에 가봤느냐고……. 이제 나는 당당하게 대답할 수 있다.

"네! 그랜드캐니언에서 자고, 밥을 지어 먹고, 일출과 일몰을 보았어요!"

아이와 공원에서 지낼 때 준비해야 할 것들

죽음의 하이킹

이번 여행에서 가장 아쉬웠던 일을 꼽으라면 Dew와 함께 그랜드캐니언 협곡 아래로 하이킹을 가지 못한 것이다. 서울을 떠나기 전부터 인터넷을 통해 지아에게는 불가능한 하이킹이라는 것은 알고 있었지만, 혹시나 싶어 이곳에 도착해서 관광안내소에 재차 물어보아도 네 살짜리 아이에게는 말도 안 되는 코스라며 적극 말리는 것이 아닌가. 그래서 한국에서부터 대안으로 노새를 타고 가는 방법을 인터넷으로 찾아보았으나 1년 전에 이미 예약이 마감되어서 이 방법 역시 포기해야만 했다.

많은 아쉬움을 뒤로하고 포기하려는데 Dew의 표정이 말이 아니었다. 여행 준비를 하면서 그랜드캐니언 여행의 꽃은 협곡을 따라 콜로라도 강줄기까지 내려가 보는 것이라고 강조하며, 이번에는 기필코 하이킹을 하겠다던 Dew의 모습이 생각났다.

"난 괜찮으니까, 자기라도 다녀올래?"

"그래도 괜찮을까?"

"응, 난 지아랑 같이 텐트에서 기다릴게."

"그럼, 내일 새벽 일찍 갔다 올게."

그제야 얼굴이 펴지는 Dew를 보면서 나의 아쉬움은 꼭꼭 숨겼다. 다음 날 새벽, Dew가 하이킹 떠날 준비를 시작했다. 안

내소에서 알려준 대로 다량의 물과 탈진에 대비한 소금, 여분의 양말 등을 준비했다. Dew는 나와 지아에 대한 미안함을 숨기지 않은 채 사우스 림에 있는 트레일 중 하나인 사우스 케이밥 트레일South Kaibab Trail로 떠났다.

"내가 사진 많이 찍어올게, 동영상도."

처음에는 콜로라도 강물을 떠 오리라고 들떠 있던 Dew는 떠나기 전 옆 텐트의 미국인과 대화를 나누면서 캐니언 밑바닥에 있는 강까지 내려가는 데만 반나절 이상 걸린다는 말에, 3시간 안에 돌아오겠다고 계획을 수정했다. Dew는 시간 때문에 콜로라도 강까지 내려가는 건 불가능하니 물 대신 사진이라도 많이 찍어와 보여주겠다는 약속을 하고 길을 떠

났다. Dew가 떠난 후 나는 다시 잠을 청했다. 그리고 새벽 6시에 떠난 Dew가 도착할 시간인 9시 전에 일어나, 피곤해 있을 Dew에게 맛있는 아침을 차려주기 위해 나와 지아는 바쁜 시간을 보냈다. 그러나 Dew는 약속한 시간보다 30분이나 지난 후에야 온몸이 땀에 젖은 채로 나타났다. 기세등등하던 모습은 온데간데없고 녹초가 되어서 말이다. 아침 식사를 하며 늘어놓는 Dew의 모험담을 들으며 Dew가 찍어온 카메라 속 영상을 쫓았다.

깎아놓은 듯한 절벽 위의 작은 길들이 그랜드캐니언의 협곡들 사이를 꼬불꼬불 메우고 있었다. 내려가는 길에 올려다본 그랜드캐니언의 모습은 태고의 생명력을 그대로 간직하고 있었고, 걸음을 내디딜 때마다 숨겨져 있던 그랜드캐니언의 절경이 하나 둘씩 나타났다. Dew는 웅장한 협곡과 본인 사이에는 공기 외에 어떠한 것도 없었다며, 바로 코앞에서 펼쳐진 그 광경을 직접 보지 못한 건 평생 후회로 남을 거라고 말했다. Dew의 자랑을 듣고 있으니, 어찌나 아쉽던지.

"사진을 봐도 모를 거야. 사진으로는 절대 담아오기 힘든 광경이었으니까. 직접 봐야 한다니까! 정말이지, 살아 돌아온 지금은 가길 잘했다는 생각이 들어!"

하지만 이어지는 그의 남은 뒷이야기는 가지 않은 것이 한편으로는 다행이라는 생각을 갖게 만들었다. 캐니언 아래로 향하는 길은 어느 정도 편했다고 한다. 그는 캐니언의 멋진 절경을 카메라에 담고 감상하면서 1시간쯤 내려갔다. 그리고 되돌아갈 생각에 발걸음을 돌렸는데 문제는 여기서부터 시작되었다. 돌아오는 길이 그가 예상했던 길과는 정반대였기 때문이었다.

해가 떠올라 대지가 데워지면서 캐니언 전체가 찜통이 되었고, 내려갈 때 간간이 있었던 그늘도 올라올 때는 전혀 찾아볼 수 없었다. 더욱이 내려올 때는 대수롭지 않게 생각했던 경사가 올라올 때는 너무나 힘든 코스로 변해 있었다. 입고 있던 옷들은 흐르는 땀 속의 염분으로 하얀 소금 띠를 이루었고, 가져갔던 생수 2통은 올라오는 길의 3분의 1 지점에서 모두 동이 났다고 한다.

심한 갈증에 어지러움까지 느낄 정도였다고 하니, 고생 그 자체였던 것. 그는 아침을 먹고도 현기증이 심해서 두통약을 먹고 1시간가량 누워 있었다. 중간도 못 올라와서 다리에 쥐가 난데다 지나가는 사람도 보이지 않으니 나중에 안 사실이지만 해가 뜨고 나면 하이킹을 하기엔 위험해서 내려가는 사람이 없다고 한다. 이곳에서 객사하는 게 아닌가 싶었다고. 다행히 뒤늦게 올라오던 하이커 중 한 팀의 도움을 받아 물을 얻어 마시고, 얼마 동안의 부축도 받아가며 1시간에 걸쳐 내려갔던 길을 무려 두 배나 많은 2시간 15분 만에 올라왔다고 했다.

안 가길 잘했다. 만약 내가 갔다면 과연 잘해낼 수 있었을까? 남자인 Dew가 저 정도인데 운동과는 벽을 쌓고 매일같이 작업방에 틀어박혀 그림만 그리는 나에게는 처음부터 무리였다. 내가 하이킹을 가지 못한 건 나를 생각해주시는 하느님의 배려 덕분이었을지도.

"한국으로 돌아가면 꼭 운동을 할 거야! 앞으로도 이런 멋진 광경들을 보기 위해선 체력을 먼저 키워야겠어."

작심삼일로 끝날 Dew의 무모한 계획을 듣는 그때 그 순간, 사실 나 역시 비슷한 생각을 하고 있었다.

'그랜드캐니언, 기다려라! 내가 언젠가 다시 이곳에 와서 너를 정복할 날이 있으리라!'

늦은 아침을 먹고 일기를 끼적거리거나 낮잠을 즐기는 등 한가로운 오전을 보냈다. 그리고 Dew가 트레킹의 후유증에서 어느 정도 벗어난 오후가 되자 우리는 지아랑 함께 그랜드캐니언 가족 투어에 나섰다. 카메라와 음료수 그리고 지아의 유모차를 챙겨들고 캠프장을 나와, 셔틀버스를 타기 위해 마켓 플라자Market Plaza, 중앙 광장 같은 곳로 향했다.

마켓 플라자로 향하는 도중, 길에서 유유히 풀을 뜯어 먹는 사슴을 만났다. 동물원에서나 보았던 사슴이 거리낌 없이 자유롭게 걸어 다니는 모습에 나와 Dew, 지아의 두 눈이 동그래졌다. 이렇게 신기해하는 우리와는 달리, 사슴은 사람들을 겁내지도 않고 자연과 더불어 여유로운 삶을 즐기고 있었다.

셔틀버스를 기다리면서, 오늘 구경할 곳의 루트를 지도로 살펴보았다.셔틀버스 노선은 각 정류장이나 관광안내소에서 받아볼 수 있다. 셔틀버스 이동 시간만 각각 30분, 60분, 75분의 시간이 소요되는 루트가 그린Kaibab Trail

Route, 블루Village Route, 레드Hermits Rest Route 이렇게 세 가지로 나뉘어 있었다. 우리는 사우스 림 중심에 있는 뷰포인트를 볼 수 있는 블루 라인으로 가다가, 이스트 림 뷰포인트를 볼 수 있는 그린 라인을, 그리고 다시 블루 라인을 타고 사우스 림 뷰포인트를 볼 수 있는 레드 라인을 돌기로 했다.

놀이동산에서 코끼리 열차를 기다리는 것처럼 부푼 마음으로 버스를 기다렸다. 자연보호라는 깊은 뜻을 품은 천연가스 버스가 우리 앞에 도착하자, 먼저 타겠다고 호들갑을 떠는 지아를 필두로 일렬로 줄을 지어 올라탔다. 모두 자리에 앉자 버스가 서서히 움직이기 시작했다. 의자에 앉아 창밖을 바라보는 지아의 반짝이는 눈동자. 설렘으로 가득 찬 아이의 심장 박동이 느껴졌다. 점점 속력을 내기 시작하는 버스를 따라 나와

Dew의 가슴도 두근두근 뛰었다.

버스는 힘차게 달렸다. 잔뜩 기대하고 차창 밖을 바라보았지만, 캠프
장에서 봤던 울창한 나무 숲만이 이어졌다. 숨 죽이며 창밖을 바라보기
에 여념이 없던 지아도, 낯익은 풍경이 계속되자 지루해졌는지 관심을
자신의 열 손가락으로 돌렸다. 뷰포인트 도착을 알리는 차장의 목소리가
들렸다. 멋진 장소에서 내리게 될 거라는 기대와 달리 평범한어제까지만 해
도 깊은 감동을 선사해주었던 울창한 숲이 그새 평범한 풍경이 되었다. 장소로 내몰린 우리
는 주섬주섬 짐을 챙겨서 내렸다. 그런데 놀라운 일이 일어났다. 지시에
따라 포인트 전망대에 서니 신의 위대한 작품이 우리를 기다리고 있는
것이 아닌가. 생각지도 못한 풍경에 한여름의 더위에도 불구하고 오싹한
소름이 돋았다. 중학교 때 엄마의 손에 이끌려 구경했던 풍경과는 너무
도 다른 무엇이 내 앞에 펼쳐졌다. 왜 이 아름다운 풍경을 그때는 미처

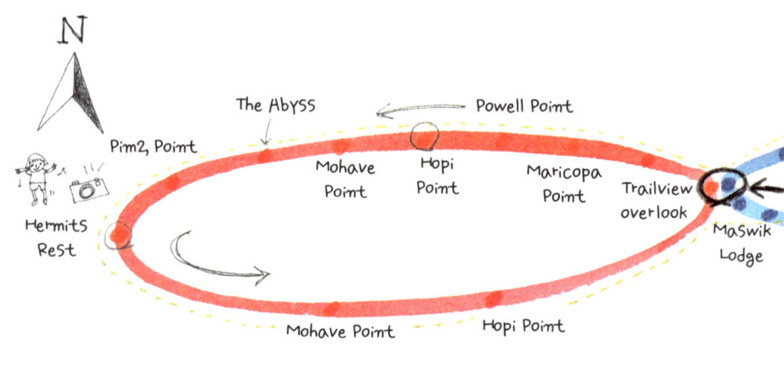

● 허미츠 레스트 루트 (75분짜리 라운드 트립)

몰라봤을까?

카메라를 꺼내들었다. 이런……. 두 눈으로도 보기 버거운 대자연의 풍경을 도저히 담을 수가 없었다. 이럴 때 이런 카메라가 있으면 얼마나 좋을까? 바로 현장에 있는 것처럼 풍경이 그대로 재생되는 것은 물론 공기까지 전해지는 그런 카메라. 360도로 회전되면서 이 모든 것을 담아둘 수 있는 그런 카메라. 그러면 이 풍경을 마음껏 카메라에 담아서 두고두고 꺼내 볼 텐데…….

지금으로서는 나의 기억 속 냉장고에 보관하는 수밖에 없다. 부디 나의 머릿속 지우개가 제 역할을 하지 않기만을 바라면서.

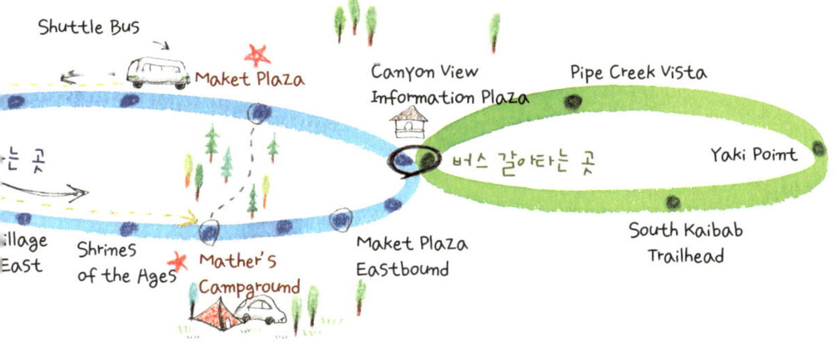

루트(60분짜리 라운드 트립)　　　● 카이밥 트레일 루트(30분짜리 라운드 트립)

엄마!
이게 오늘 본 그랜드캐니언이야

그랜드캐니언은 지구에서 일어난 지질학적 사건을 광범위하고 심오하게 기록한 지구 역사의 증인이다. 그랜드캐니언으로 드러나는 지구의 생성 과정을 직접 눈으로 확인할 수 있다는 건 실로 감동적이었다. 특히, 거대한 협곡이 간직한 흙빛 역사와 조화를 이루는 파란 빛깔의 콜로라도 강줄기는, 마치 오랜 역사 사이를 유유히 흘러가는 세월을 한 폭의 그림으로 표현한 듯하다. 언젠가 이런 느낌을 받은 적이 있는데……. 그래 맞다, 학창 시절에 보았던 샤갈의 그림. 시각을 형이상학적으로 형상화시킨 그의 그림에서 나는 이처럼 신선한 충격을 받았었다. 그러고 보니 역사와 예술은 세월의 흐름에 퇴색되지 않고 오히려 그 가치를 더욱 높인다는 점에서 공통점을 가지고 있는 것 같다. 과연, 그랜드캐니언은 세계 최고의 유산이었다.

우리는 거의 4시간 동안을 버스에서 내렸다 타기를 반복하며 그랜드캐니언을 감상했다. 물론 다음으로 구경한 뷰포인트들은 사뭇 비슷해 보이는지라 첫 번째 장소에서 받은 감동을 넘어서지는 못했다. 하지만 저녁 무렵이 되고 석양이 지자 캐니언은 온통 붉은빛으로 옷을 갈아입었고, 이것은 또 다른 감동을 전해주었다. 흥분이 가득했던 캐니언 투어를 마치고, 붉은 노을을 병풍 삼아 캠프장으로 돌아왔다. 돌아오는 길에 문득 이런 생각이 들었다.

'지아가 과연 이 풍경을 나중에도 기억할까? 나와 Dew가 느끼는 것처럼 지아 눈에도 저 풍경들이 신기하고, 멋지고, 대단한 것으로 보여질까? 내가 중학생 때 이 대자연의 아름다움을 놓쳤던 것처럼 쉽게 놓치고 잊어버리지는 않을까?

어쩌면 이 모든 것이 내 욕심일까봐 조바심이 났다. 그런데 이런 내 속마음을 읽은 듯 지아는 나를 놀라게 했다. 텐트 안에서 지아가 발음하기도 어려운 '그랜드캐니언'을 외치며 스케치북에 이상한 바위들을 그리고는 이렇게 말하는 것이었다.

"엄마! 이게 오늘 본 그랜드캐니언이야."

환하게 웃으며 그림에 대해 설명하는 지아.

기뻤다. 지아의 밝은 표정이, 서툴게 그려나간 그림이, 나의 결정을 응원해주는 것만 같았다.

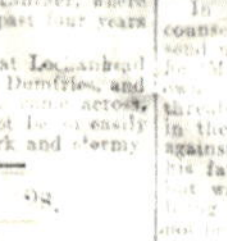

지아야, 엄마는 열다섯 살 때 그랜드캐니언을 여행한 적이 있었어.
그때는 어른들 위주로 모든 일정이 돌아갔고, 흔히 말하는 단체 관광으로,
자유와는 거리가 멀었지. 나는 그냥 누구의 딸이라는 명목하에서만 움직여야 했거든.
한국인 가이드와 미니버스를 타고, 한국말만 하고, 한인 타운에서 한식만 먹고……
정말로 재미없었던 여행이었어.

그래서 엄마에게는 그랜드캐니언에 대한 추억이 그다지 특별하지 않아.
세계의 9대 불가사의라고 하는 대자연의 협곡, 이 웅장한 그랜드캐니언 앞에서
엄마가 할 수 있었던 일은 차를 타고 다니다가 좋은 장소가 나타나면 우르르 버스에서
내려 단체사진을 찍거나 독사진을 찍는 것뿐이었거든. 너도 봤지?
우리 집에 있는 사진첩에 있는 그 사진들. 엄마는 그 사진만 보면 웃음이 나온단다.
뒤의 풍경만 바뀌었을 뿐, 어색한 웃음에 똑같은 포즈의 사람들 모습에 말이야.

과연, 무엇을 위한 여행이었을까?

17년 만에 다시 찾아온 그랜드캐니언에서 과거의 기억을 모두 지워버리고 싶어.
그리고 지아 너에게는 엄마와 같은 추억이 아닌 멋진 추억을 만들어 주고 싶어.
그래서 엄마와 아빠는 이번 여행을 결정한 거란다.
진짜 여행은 단순한 관광이 아니라 탐험이기에……

자, 지아야, 눈을 크게 뜨자.
그리고 탐험가의 눈으로 아름다운 세상과 자유를 마음에 듬뿍 담자.
휴식과 여유를 만끽하며 느릿느릿 이 자연을 누려보자.

인디언 인형과
식사 몇 끼 사이

그랜드캐니언에서의 멋진 캠핑을 마친 우리는 다음 날 일찍 다음 장소인 모뉴멘트 밸리로 가기 위해 그랜드캐니언 동쪽 입구로 향했다. 한참을 달리며 이스트 림East Rim의 몇몇 전망대에 내려 사진을 찍고 구경하기를 반복하는데, 저 멀리서 전망대처럼 생긴 건축물이 우리의 시선을 사로잡았다.

그곳은 다름 아닌 동쪽 입구 근처의 데저트 뷰Desert View에 있는 워치 타워Watch Tower. 우리나라의 첨성대를 연상시키는, 돌을 견고하게 쌓아 올린 모양의 이 건물은 메리 제인 콜터Mary Jane Colter라는 여성 건축가가 1930년부터 짓기 시작해서 1933년에 문을 연 곳으로, 완벽주의자인 콜터가 돌 하나하나를 직접 손으로 골라서 지었다고 한다.

우리는 입구에 있는 안내판을 더듬더듬 읽

고 난 후 그랜드캐니언이 한눈에 보인다는 정상을 향해 나선형 계단을 올랐다. 타워 안은 토착 인디언들의 생활상이 그대로 드러나는 벽화로 구성된 일종의 박물관 같았다. 우리는 천천히 계단을 오르며 교과서에서 본 라스코 벽화를 연상시키는 인디언의 벽화를 감상했다. 아무리 천천히 오른다 해도 타워의 정상까지 오르는 건 쉽지 않았다. 점점 차오르는 숨을 헐떡이며 힘겹게 정상을 향하는데, 지아의 의기양양한 목소리가 나의 발목을 잡았다.

"이건 거북이네! 이건 토끼인가? 치~ 나보다 못 그린다."

드디어 정상. 타워 전망대에 오르니, 그랜드캐니언의 장엄한 풍경이 한눈에 들어왔다. 우리는 그랜드캐니언과 마지막 작별인사를 하고 1층으로 다시 내려왔다. 1층에는 기념품을 파는 가게가 있었는데, 여행자에게는 사치로 느껴질 수 있는 꽤 비싼 가격대의 인디언 장식품과 액세서리들이었다. 지아는 이곳이 장난감 가게로 여겨졌는지 판매대 위를 장식하고 있는 많은 인디언 인형과 동물 모양의 목각 인형을 신나게 구경하며 돌아다녔다.

"엄마, 이거 사줘. 아빠, 이거 지아에게 없는 인형이야!"

헉! 인형을 살 돈이면 우리의 몇 끼 식사가 해결될 수 있었다. 나는 사달라고 조르는 지아의 청을 가까스로 거절하고는 황급히 그곳을 빠져나왔다. 그런데 지금 생각해보면 작은 인디언 인형 하나쯤 사 올걸 하는 후회가 든다. 지아가 두고두고 만지작거리고 놀면서 이번 여행을 추억했을 텐데……

지아야~
엄마를 구해줘!
라푼젤이 된 V니

우리 가족 그랜드캐니언 2박 3일 캠핑 일정!

6월 22일

야! 드디어 출발!

LA에서 출발!

중간 중간에 사진 찍고, 점심도 먹고~♪

ㄹㄹㄹ…

캠프장 안에서 첫날밤

6월 23일

ㄹㄹㄹ

으윽~힘들어

ㄹㄹ…

am 6:00
Dew 혼자 하이킹 떠남!

오전 10시가 다 되어 돌아온
Dew, 휴식과 늦은 아침을~

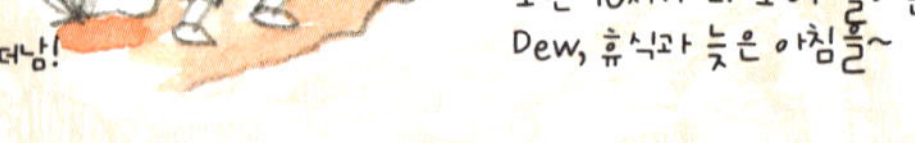

마지막 밤은
핫초콜릿, 마시멜로와 함께

늦은 저녁은
Yavapai Cafeteria에서...

7시간 32분 운전하고,
드디어 그랜드캐니언에 도착!

휴식, 그리고 저녁식사

오후 2시 그랜드캐니언 투어 시작!

저녁 6시, 다시 숙소로~
헉! 까마귀습격사건

Behind Story 우리가 그랜드캐니언 버스 투어를
하는 사이 우리 텐트 옆에 쟁여두었던 음식과 온갖
간식들을 까마귀들이 모두 훔쳐 먹어버렸다.

Tip 캠프장에서는 굶주린 까마귀를 조심할것!
(음식은 텐트 안이나 자동차 안에 보관할 것을 당부한다!)

6월 24일

am 10:00 짐 꾸리고,
텐트 정리!!
그랜드캐니언 캠프장 떠나다.

Desert view Drive
+ Watch Tower 구경

Grand Canyon
East Enterance 나와서
Monument Valley로!!

PHOTO ALBUM

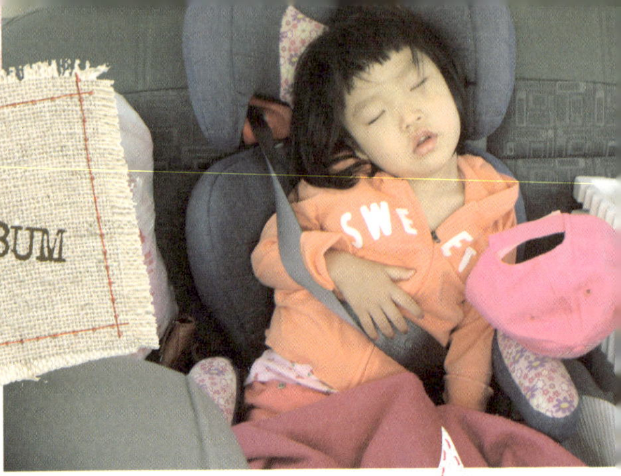

카시트 안에서
잘도 자는 지아~
장거리여행에 지쳤나봐요~

그랜드캐니언은
협곡만 있는게 아니라,
이런 산책길도 많답니다.

아…더워라!

그림처럼 펼쳐진 그랜드캐니언 전경~

사진찍는 Viu ↙

꿋꿋…
그때 사달라니깐~
독특한 표정의
인디언 인형들~
베틀짜는 요 인형
진짜 귀여웠는데~
목각 인형들~ 조금만 쌌어도 좋았으련만…

110548606　POLAROID 35
Watch Tower 안에서…

외국인이 마냥
신기한 지아어린이

나도 저 아래로
내려가 보고 싶어요~

모뉴먼트 밸리

다시 새로운 장소로 Go Go Go!

오늘은 또 무슨 일이 생길까? 어떤 멋진 풍경이 우리의 눈앞에 펼쳐질까?

지아도 낯선 나라에서의 긴 여행에 익숙해졌는지,

달리는 차 안에서 새로운 세상을 향해 눈길을 돌렸다.

아이들 특유의 적응력으로 어른인 우리보다 더 능숙한 여행자가 되어

흥얼흥얼 노래까지 부르며 자유를 만끽하고 있었다.

🛡️ 모뉴먼트 밸리는 어떤 곳일까?

　　모뉴먼트 밸리는 그랜드캐니언에서 동쪽으로 173마일, 포 코너[Four Corner : 유타(Utah), 콜로라도(Colorado), 애리조나(Arizona), 뉴멕시코(New Mexico) 네 개 주가 합쳐지는 미국 내의 유일한 지점]에서 서쪽으로 60마일 떨어진 곳에 위치하고 있다. 647만5,200㎡ (남한의 3분의 2 크기)에 달하는 광대한 나바호 인디언 자치구역(Navajo Nation Indian Reservation)의 북쪽에 위치해 있어, 여러 편의 서부영화와 우리에게 잘 알려진 「백 투 더 퓨처 3」에 이르기까지, 인디언들의 생활 터전으로 자주 등장한 곳이다. 덕분에 이곳은 추억 속 인디언들의 흔적을 찾아온 관광객들로 연중 붐빈다.

　　모뉴먼트 밸리는 나바호 부족의 숭고한 성지이자, 백인들과의 수많은 싸움에서 패한 아메리카 인디언들의 불행한 역사가 기록된 비운의 현장이다. 쓸모없는 황무지로 보이는 붉은 평원이 나바호 인디언들에게는 조상으로부터 물려받은 위대한 유산인 것. 붉은 사암(Sand Stone)으로 뒤덮인 드넓은 대평원, 그 위로 치솟은 거대한 암석기둥과 절벽을 보고 있으면 어느새 경건한 마음이 되어 성지에 대한 그들의 믿음에 동조하게 된다. 모뉴먼트 밸리의 생성은 인류가 발생하기 이전으로 거슬러 올라간다. 로키 마운틴(Rocky Mountains)으로부터 침식돼온 퇴적물들이 이곳에서 여러 단층의 사암으로 굳어졌다. 이후 퇴적된 단층들이 풍화작용으로 침식되고, 지면 아래의 팽창과 균열에 의해 지속적인 압력을 받아 현재의 모습을 갖추게 되었다. 나바호 인디언 자치구역은 국립공원이 아니기 때문에 국립공원 패스로는 입장할 수 없다. 이곳은 인디언 자치구가 관리하고, 입장료(5달러)도 별도로 징수한다. 그들의 자치구역인 만큼 인디언들의 생활에 방해가 되지 않도록 방문객 센터에 들러 필요한 정보와 여러 가지 주의 사항을 알고 가야 한다.

🛡️ 모뉴먼트 밸리를 어떻게 구경할까?

01 정해진 루트로 각 포인트만 투어하기

　　163번 고속도로에서 남쪽으로 4마일가량 달리면 방문객 센터가 있다. 모뉴먼트 밸리의 비포장도로를 달리다 센터 안으로 들어가면 시원한 에어컨 바람을 마음껏 쐴 수 있고, 쾌적한 화장실도 이용할 수 있다.(화장실은 아이가 있는 여행에서 가장 중요한 시설 중 하나다.) 센터 안에서 각 뷰포인트에 대한 간단한 설명을 찾아보고, 여행 계획에 맞는 일정을 짜는 것이 좋다. 도움이 필요하면 안내소에서 자세한 설명을 들을 수 있다. 계획을 세웠다면, 매표소나 센터에서 챙겨온 지도를 보며 뷰포인트를 옮겨가며 관광을 한다.

 예상 소요 시간 3~4시간 * 지아 가족의 선택

장점
각자의 시간에 맞춰 구경할 지점을 선택해서 볼 수 있다.(아이와 함께 그림을 그리거나 행동의 제약 없이 감상할 수 있다.) 추가 비용이 없고, 영어를 듣거나 쓸 필요가 없다.

단점
개인 자동차로 이동하기 때문에 허가된 길 외에는 갈 수 없다. 그래서 모뉴먼트 밸리의 숨겨진 모습들을 모두 보지는 못한다. 또한 모든 길이 비포장도로여서 굴곡도 많고 모래 먼지도 많이 날려, 차의 상태와 안전에 대한 주의가 필요하다. 자가운전 여행이기 때문에, 모뉴먼트에 대한 정보를 스스로 찾아봐야 한다.

02 가이드와 함께 투어하기

자가용으로 모뉴먼트 밸리를 투어하기에는 사실 무리가 있다. 거친 길 때문에 자동차가 파손될 위험이 있고, 도로가 나 있는 곳만 갈 수 있어 겉핥기식 관광이 될 수 있다. 만약 시간과 금전적인 여유가 있다면 가이드와 함께 모뉴먼트를 돌아보는 패키지를 권장한다. 가이드와 함께하는 투어의 종류로는 지프 투어, 말을 타고 하는 투어, 하이킹 등이 있다. 각각 지정된 여행사에만 허락해준 길을 통해 모뉴먼트 밸리의 다양한 모습을 자세한 설명과 함께 보고 들을 수 있다.

또한 1박 2일 코스를 선택해 인디언의 옛 집인 호간(Horgan)에서 하룻밤을 보내는 것도 좋은 추억이 될 것이다.(2시간 30분 지프 투어 + 호간 체험 = 1인당 112달러)

 예상 소요 시간 1시간 30분부터 1박 2일까지 다양

장점
전문 가이드에게 모뉴먼트 밸리의 특징과 나바호 인디언 이야기를 들을 수 있어 알찬 투어가 가능하다. 지프나 말을 타고 투어하면서 특별한 체험을 할 수 있다.

단점
시간과 돈이 많이 든다. 1시간 30분 정도의 짧은 시간을 할애하는 투어도 있지만, 금액은 비싼 편이다.(1인당 1시간 30분 지프 투어가 62.40달러다.) 동행인 중에 영어를 알아듣는 사람이 없다면 가이드의 흥미로운 이야기들을 대부분 놓치게 된다.

엄마 아빠와 함께라서
행복한 아이

다음 목적지인 모뉴먼트 밸리를 향해 170마일약 273km을 달렸다. 시속 120km 이상 질주할 수 있는 한적한 고속도로.

그동안 한국에서 빡빡한 교통 체증을 겪으며 살아왔기에 처음에는 인적이 드문 고속도로가 낯설었지만, 어느덧 뻥 뚫린 도로 위를 빠른 속도로 질주하는 일에 제법 익숙해졌다. 서울에서 매일같이 겪어야 했던 교통 체증의 추억을 훌훌 날려버리기라도 하려는 듯이, 바람을 가르며 신나게 달렸다. 그랜드캐니언에서 지낸 2박 3일 동안 얼굴이 발갛게 그을린 지아. 피곤할 만도 하겠건만 표정이 밝고 두 눈은 초롱초롱 빛났다.

"피곤하지 않니? 괜찮아?"

이런 지아를 보니 미안한 마음에 가슴이 뭉클해졌다.

엄마 아빠와 함께 여행 중이라는 것만으로도 충분히 즐거워하는 아이를 갑갑한 도시에 가둬둔 채 바쁘다는 핑계로 함께 놀아주지도 못하고……. 누군가 그랬다. 아이들은 비싼 선물보다 부모와 함께 보내는 시간에 더 행복해한다고. 지아를 보니 그 말이 맞는구나 싶었다.

'지아야! 엄마 아빠가 늘 함께 있어주지 못해서 미안해.'

인디언 마을,
그 어떤 희망도 없었다

한참을 달리고 달렸다. 지루하게 이어지는 풍경. 하품을 하며 스쳐 지나가는 풍경을 무심하게 바라보는데, 나바호 인디언 마을로 추정되는 인적 없는 작은 마을이 나타났다. 저 마을에 가면 진짜 인디언들을 만나 이야기도 나눠볼 수 있지 않을까? 예정에 없던 방문이었지만, 나와 Dew는 후회를 남기지 않으려고 용기를 내어 차를 돌렸다.

마을이라고 하기엔 너무나 작은 곳이 한낮의 고요 속에서 뜨거운 열기를 내뿜고 있었다. 강렬한 태양빛이 내리쬐는 황량한 모래벌판. 허름하고 고장 난 차들이 모래먼지에 덮인 채로 여기저기에 흩어져 있었다. 낡은 캠핑카들로 만든 집들이 여럿 보였고, 교통수단인지 호객용인지 모를 말들이 허름한 펜스 안에서 연거푸 물만 마셔대고 있었다. 그 어디에도 사람의 그림자는 보이지 않았다. 아마도 지글지글 익을 듯이 뜨거운 날씨 탓에 집 안에 틀어박혀 나오지 않는 것 같았다. 우리는 잠시 차에서 내렸다. 사막을 연상시키는 이글거리는 태양과 황톳빛 모래. 명암이 강

알록달록
무지개천이네~
황량하다

한 그림자를 길게 늘어뜨린 모래벌판 위의 말들. 서부영화의 한 장면 같은 이국적 풍경이 우리의 시선을 사로잡았다. 우리는 뜨겁게 타오르는 태양과 간간이 불어오는 모랫바람을 맞으며 한참을 서 있었다. 이런저런 생각들이 머릿속으로 스멀스멀 기어 들어왔다.

시간이 모든 이들을 문명의 세계로 인도한 것은 아니다. 경제적인 의미의 발전과 번영은 기득권을 위한 특혜였고, 소외당한 자들은 침묵의 역사 속으로 사라져갔다. 폐허의 잔재만을 남기고……. 가슴 가득 서글픔이 밀려들었다. 이런 것을 한恨의 정서라고 하는 걸까?

풍요를 상징하는 기름진 땅, 미국. 인디언들은 자신들의 자산인 이 땅을 개척자인디언 관점에서는 약탈자들의 손에 빼앗기고 더운 열기만이 가득한 사막 한가운데로 떠밀려왔다. 풍요로웠던 지난 과거를 역사 속에 봉인한 채로 메마른 사막 위에서 뿌리를 내린 것이다.

이런 생각 때문이었을까? 태양볕 아래에서 관광객을 기다리는 앙상하게 마른 말들, 피로와 더위에 허덕이는 말들이 애처로워 보였다. 말들의 주인인 인디언들의 삶 역시 이처럼 고단하고 무료하리라. 푸른 숲이 우거질 수 없는 메마른 대지에서는 사람들의 꿈 역시 자라나기 힘든 법이니까.

나바호 인디언과 만날 수 있을 거라는 기대감은 사라졌다. 조금만 더 서 있었다가는 뜨거운 태양과 나바호 인디언의 한이 우리 가족을 일사병과 우울증으로 쓰러뜨릴 것 같았기 때문이다. 혹시나 하는 마음에 차를 타고 마을 이곳저곳을 좀 더 기웃거려 보았지만 이방인들의 방문을 반기는 인디언들은 찾아볼 수 없었다. 오히려 우리의 방문이 빨리 끝나길 바라는 그들의 피로한 시선과 번번이 마주쳐야 했다. 어두운 그늘이 드리워진 인디언들의 얼굴. 거듭된 삶의 굴곡에 미소를 잃은 그들에게는 이방인들의 방문을 환영해줄 여유 따위는 남아 있지 않아 보였다. 그런 그들의 마음이 우리에게로 고스란히 전달되었다.

우리는 마을을 빠져나오면서 여행지마다 우리를 반겨주었던 백인들의 모습을 떠올렸다. 한 나라 안에서 동시대를 살아가면서도, 한 세기 전 승자와 패자의 위치가 이렇게 확연히 다를 수 있다는 것을 새삼 깨달았다. 나는 마을을 벗어나며, 말을 타고 넓은 사막을 끝없이 달리던 서부영화 속 인디언을 추억하며 그들에게 최소한의 안정과 행복이 허락되기를 바랐다.

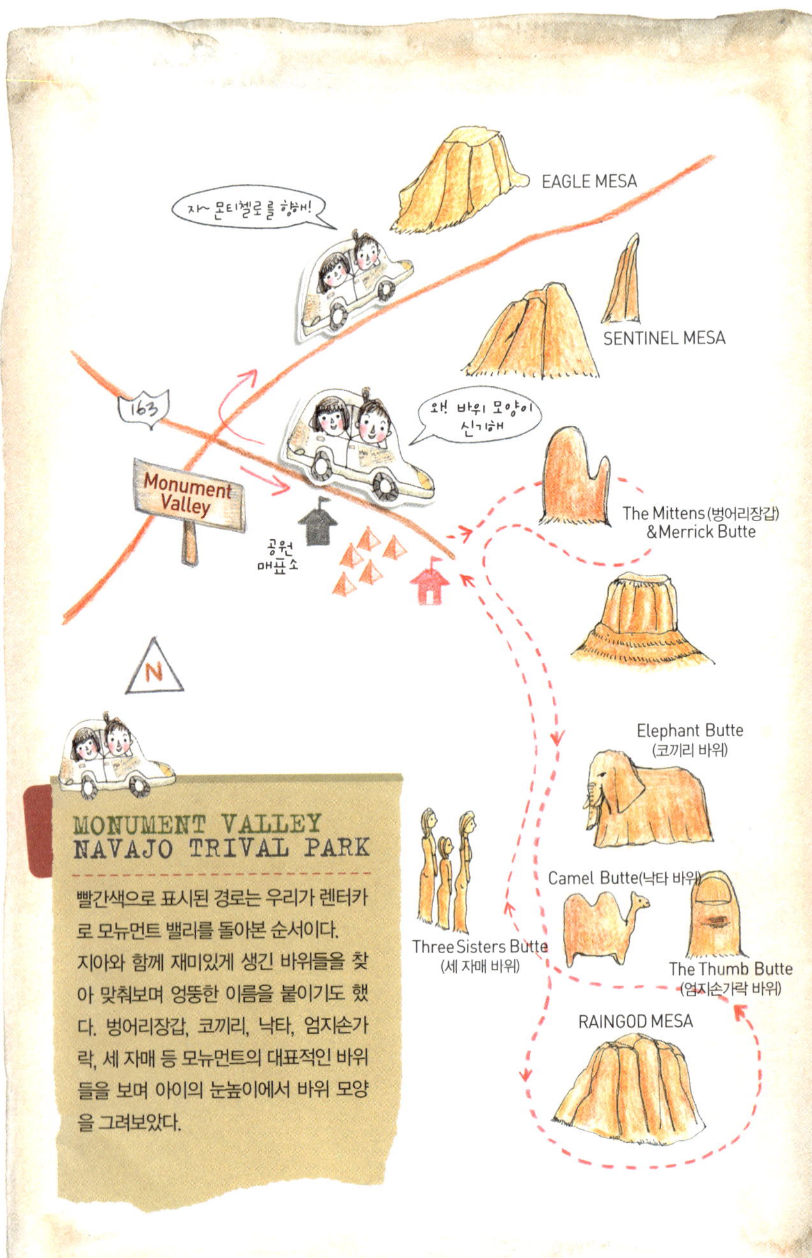

MONUMENT VALLEY NAVAJO TRIVAL PARK

빨간색으로 표시된 경로는 우리가 렌터카로 모뉴먼트 밸리를 돌아본 순서이다. 지아와 함께 재미있게 생긴 바위들을 찾아 맞춰보며 엉뚱한 이름을 붙이기도 했다. 벙어리장갑, 코끼리, 낙타, 엄지손가락, 세 자매 등 모뉴먼트의 대표적인 바위들을 보며 아이의 눈높이에서 바위 모양을 그려보았다.

흙먼지 바람을 일으키며
서부를 달리다

모뉴먼트 밸리에 가까워졌는지 길 양쪽으로 보이는 흙빛이 차차 주황색과 붉은색으로 바뀌었다. 신기하게 생긴 돌들, 그냥 돌이라고 하기엔 무척이나 큰, 집채만 한 바위들도 하나 둘 보이기 시작했다. 나는 비장한 각오로 카메라를 손에 들고 연속 사진을 찍듯이 연거푸 셔터를 눌렀다.

드디어 모뉴먼트 밸리의 시작을 알리는 입장권 판매소가 보였다. 우리는 입장권을 구입하고는 야심차게 모뉴먼트 밸리로 들어섰다. 모뉴먼트 밸리는 국립공원이 아니라 나바호 인디언 자치구역 안의 부족공원이기 때문에 입구에서 따로 입장권을 구입해야 한다. 모뉴먼트 밸리의 입구에 접어드니 붉은 흙먼지를 일으키는 비포장도로가 펼쳐졌다. 엉덩이가 들썩들썩, 차는 비포장 도로 위에서 자유분방하게 점핑질을 해댔다. 시간의 터널을 지나 서부개척시대의 한가운데로 들어온 것 같은 기분이 들었다. 마차를 타고 사막을 달리는 우리 가족.

"야호! 달려라, 달려!"

신나게 달리는 우리 차의 보닛 앞으로 흙먼지가 강하게 일었다. '타닥! 타다닥' 소리와 함께 작은 자갈들이 계속 부딪혔고, 워셔액과 와이퍼의 움직임 없이는 앞을 볼 수 없을 정도였다.

'나중에 렌터카 회사에서 차가 망가졌으니 보상해달라고 하면 어떡하지?'

뒤늦게 드는 걱정에 속도를 늦췄지만, 이미 우리의 유일한 애마이자 교통수단인 흰색 크루저는 흙먼지 바람을 흠뻑 맞아 처음의 깨끗하고 귀여운 모습을 잃은 후였다. 그동안은 차가 조금만 지저분해져도 애착을 가지고 닦아냈었는데, 이쯤 되니 과연 크루저가 우리의 여행을 잘 버텨줄지 의문이 들었다. 새로운 모험을 감행하는 데 있어 차가 지저분해지는 것쯤은 영광의 상처로 삼을 수도 있지만, 내 차가 아닌 이상 마음이 편하지는 않았다. 부디 차가 고장 나지 않기를 바라며 우리는 다시 흙먼지 속을 달렸다.

아름다운 대자연 놀이터에서 신나는 하루를

모뉴먼트 밸리에 들어선 우리는 방문객 센터에 들러 이것저것 정보를 모으고 계획을 세웠다. 한국에서는 말 등에 앉아 모뉴먼트 밸리를 누비는 인디언이 되는 것을 꿈꿨으나, 지아나 여러 일정 때문에 예약하지 못했다. 그럼에도 그 아쉬움 때문인지 우리는 쉽게 다음 계획을 세우지 못했다. 말을 타고 모뉴먼트 곳곳을 둘러보지 못하는 대신 자동차로 갈 수 있는 모든 곳을 봐야겠다는 Dew와, 지아의 컨디션과 일정을 생각해서 대표적인 곳만 추천 받아 시간을 절약하자는 나의 의견이 충돌했기 때문이다. 시간은 좀 더 걸렸지만, 우리는 다행히 큰 싸움으로 번지지 않고 절충된 계획을 세웠다.

어느 나라나 마찬가지로 인간은 자신들의 눈에 보이는 대로 신의 작품에 이름을 붙인다. 이 얼마나 오만한 생각인가 싶어 딱히 다른 이름을 붙이려 해도 한 번 이름이 정해지면 어찌된 일인지 그보다 더 좋은 이름을 붙이기 어렵다. 하지만 거대한 퇴적층과 지도 속의 이름을 매치시켜 가면서 길을 찾는 건 결코 쉬운 일이 아니었다. 물론 이름과 일치가 될 때 '아! 정말 그렇게 보이네.' 라고 생각하게 되지만, 이름을 착각할 경우에도 그 이름에 걸맞은 모습을 발견하게 되기 때문이다. 우리는 제일 처음으로 달려간 벙어리장갑 바위Mittens Butte에서부터 이런 실수를 했다. Dew는 한참을 달려왔다는 느낌이 들었던지, 여러 퇴적층 사이에서 길을 잃은 탓인지, 우리 앞에 처음으로 등장한 바위에서 코끼리의 모습을 발견했다.

벙어리장갑 바위를 코끼리 바위Elephant Butte로 착각한 Dew는 지아가 이전에 보여주었던 책에서 나왔던 동물들과 잘 연관 짓는지, 사물을 잘 인지하고 있는지, 알려주었던 영어 단어를 기억하는지 꽤나 궁금했나 보다. 지아와 Dew의 이런 대화는 몇 분간 지속되었다.

Dew : 지아야! 코끼리 모양이지?

Jia : 웅!

Dew : 코끼리가 영어로 뭐라고 했지?

Jia : **Elephant!**

Dew : (흡족한 표정으로) **Great!**

'그게 뭐가 그리 중요하다고……. 지아에게는 영어 공부보다 이렇게 몸으로 표현해보는 게 도움이 될 거야.'

이런 생각과 동시에 Dew에게 질 수 없다는 마음으로 지아와 함께 코끼리 코를 하고 벙어리장갑 바위 앞에서 코끼리 흉내를 냈다. 이런 퍼포먼스까지 선보인 다음이라, 다음 장소로 이동해서 누가 보더라도 코끼리 모양을 한 바위기 니디났을 때 Dew와 나는 당황할 수밖에 없었다.

"엄마! 이것도 코끼리 모양이네!"

한참 동안 지도를 보며 답안지를 어디서부터 밀려 썼는지 찾고 있자니, 지금 앞에 놓여 있는 바위가 코끼리 바위란 것이 더욱 확실해졌다. 만약 이 코끼리 바위가 정말 코끼리와 똑같이 생기지 않았거나 한참 뒤

에 등장해서 틀린 것을 몰랐더라면 우리의 모뉴먼트 투어는 온통 뒤죽박죽이 되었을 것이다.

밀려 쓴 답안지를 제자리로 잡은 후에는 모든 것이 맞아떨어졌다. 낙타 바위Camel Butte에서 Dew는 낙타의 혹에 무엇이 들었는지 관심도 없는 지아를 붙잡고 설명을 했고, 엄지손가락 바위Thumb Butte에서는 엄지손가락을 치켜세우며 "Jia is the best!"를 외쳤으며, 마지막 세 자매 바위Three Sisters Butte에서는 나의 가족 관계나는 언니가 둘 있다.를 지아에게 설명하느라 진땀을 뺐다. 처음에는 조금 실수가 있었지만, 우리 가족은 이 아름다운 대자연을 놀이터 삼아 신나는 하루를 보낼 수 있었다.

지금도 가끔 모뉴먼트 밸리의 사진을 보면서, "이건 코끼리, 우리 여기서 코끼리 코 놀이했었지! 저건 낙타, 물이 먹고 싶어서 엎드려 있었어."라고 말하는 지아의 모습을 보고 있으면 모뉴먼트 밸리에서 함께 보낸 시간이 정말 소중했음을 다시 한 번 느낀다.

여행의 추억을 되살리는 일등공신은 사진이다. 그리고 여행에서의 기록, 그림, 엽서 등이 즐거웠던 과거로 돌아갈 수 있게 해준다. 지금 나는 지아가 엄마 아빠와 함께 행복한 시간을 보냈던 걸 기억 속에서 꺼내 보여주는 것에 큰 행복을 느낀다. 기억은 추억을, 추억은 행복을 남긴다.

"지아야! 먼 훗날, 네가 다시 이곳을 찾았을 때 엄마 아빠와의 즐거웠던 시간을 다시 기억해줄 수 있지?"

어느 일러스트레이터의 고백

신이 주신 아름다움을 한 장의 종이에 담는 영광의 시간.
모두 말없이 분주하게 움직이며 각자의 그림 속에 빠져본다.

저 먼 곳, 신이 주신 경이로운 선물.
이 아름다움을 돌아가서 친구에게 그대로 전할 수 있을까?
멋진 풍경에 비해 나의 솜씨는 너무나 부족하다.

'신이시여! 왜 그대는 나에게 아름다움을 볼 수 있는 눈만을 주셨나이까?
왜 그것을 옮기는 재능은 주시지 않으셨나이까?'
영화 「아마데우스」에서 살리에르가 외치던 대사가 머릿속을 계속 맴돌았다.

미국에서 숙소 구하기

미국에서 모텔이란, 넓은 국토를 '자동차로 여행하는 여행객Motorist'을 위해서 운전 중 하룻밤 묵어갈 수 있게끔 만든 숙박 시설의 한 형태를 말한다. 우리나라에서는 모텔에 대한 이미지가 그다지 좋은 편이 아니지만, 미국에서는 자동차 여행에 있어서 필수적인 숙박 시설이기 때문에 전역에 걸쳐 수천 개의 모텔이 있다. 단순하게 나그네들이 묵어가는 고속도로 주변의 숙소라고 생각하면 된다.

우리도 이번 여행에서 모텔을 여러 번 이용했다. 일단 가격 면에서 호텔보다 저렴하고 시설도 깨끗해서 우리 세 식구가 머물기에는 괜찮았다. 아이와 함께하는 여행에서 계속되는 캠핑은 무리가 있고, 여행하면서 드는 비용도 만만치 않다 보니, 잠자는 숙소는 안전하고 청결하기만 하면 OK.

그래도 의심 많은 한국 사람이기에 대부분은 유명 체인점 모텔을 이용했다. '모텔 6Motel 6', '수퍼 8 모텔Super 8 Motel', '베스트 웨스턴Best

Western', '데이즈 인Days Inn', '홀리데이 인Holliday Inn' 등 전국적인 체인 망을 가진 이 모텔들은, 이용객들이 언젠가는 다른 곳에서 같은 체인의 모텔을 이용할 가능성이 있기 때문에 서비스 등 모든 면에서 뛰어난 편이다.

여행을 떠나기 전, 이동 루트에 따라 모텔의 위치 정보를 미리 알아두었다. 다만, 성수기가 아니라서 예약은 하지 않았다. 이동 중에 괜찮은 모텔이 보이면 직접 들어가서 방에 대해 물어보고 투숙하기로 계획했던 것이다. 처음에는 영어가 서툰 탓에 진땀 좀 뺐지만, 나중엔 간단하게 소통하는 노하우가 생겨 그럭저럭 잘 넘어갔다.

인터넷으로 모텔 예약하는 방법

먼저 모텔을 정한다. 전국 체인망을 가진 Motel 6, Super 8 Motel, Best Western, Days Inn, Holliday Inn 등의 모텔 중에 Days inn을 한 예로 알아보자.

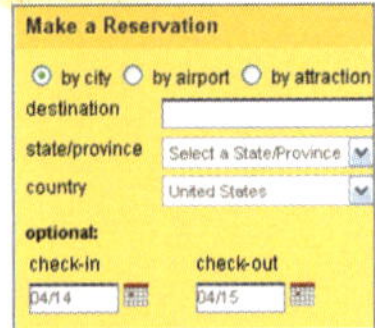

1. www.daysinn.com 사이트로 들어간다. 목적지를 정확히 입력한다.(도시 이름, 주 이름, 나라 이름 입력)

2. 도착하는 날짜, 출발하는 날짜를 달력에서 찾아 표시한다.

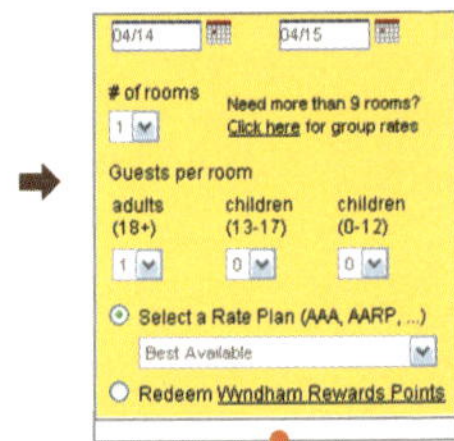

3. 방 개수, 투숙객 수(어른, 아이)를 각각 입력한다.

4. 특별한 할인 카드나 멤버십 카드가 없으면 Best Available로 표시한다.

5. Search를 누르면 다음 단계로 넘어간다.

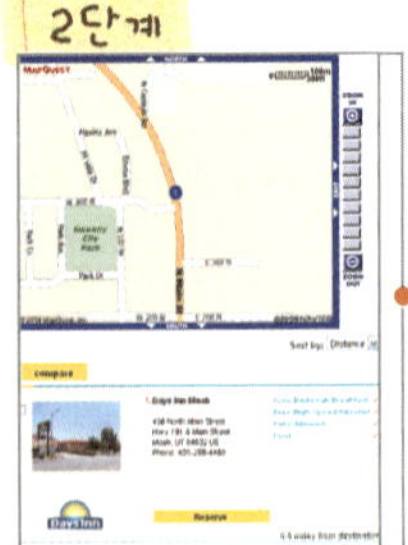

1. 검색한 지역의 모텔이 지도로 나오고, 자세한 정보가 뜬다.

2. 모텔 외관 사진도 구경하고, 아침 식사와 인터넷이 가능한지, 수영장이나 스파가 있는지 등을 살펴본다.

방 크기를 선택하는 단계로 넘어가면 가격을 비교하며 침대 사이즈를 정해주면 된다. Double · Queen · King bed가 기본이며, 어른 2명, 아이 1명일 경우 King bed면 넉넉하게 잘 수 있다.

달콤쌉싸래한
모텔에서의 하룻밤

그랜드캐니언에서의 캠핑을 재미있게 마쳤지만, 아무래도 편한 잠자리가 아니다 보니 문명의 품안이 그립긴 했나 보다. 산에서 지낸 기간은 고작 이틀이었지만, 모뉴먼트 밸리에서 모랫바람을 맞은 탓에 따뜻한 물로 샤워하고 싶은 마음이 굴뚝같았다. 물론 캠프장에도 샤워 시설은 있었지만, 개별 샤워실이 아니다 보니 왠지 이용하기가 꺼려졌다.

우리는 하루 일정의 모뉴먼트 관광을 마치고, 모텔을 찾아 나섰다. 모뉴먼트에서 가까운 몬티첼로Monticello라는 작은 마을로 향했다. 한국의 여느 시골 마을처럼 조용했다. 모텔을 찾다 발견한 데이즈 인Days Inn. 주변에 모텔이 여러 곳 있었지만, 이것저것 재볼 만큼의 마음 여유도 없었고 이미 지아가 모텔 로비 옆에 있는 수영장에 푹 빠져버려 지아를 달래서 다른 곳으로 가기도 어려웠다. 그런데 수영장은 그야말로 달콤한 악마(?)의 유혹이었으니 우리에게 너무나 필요했던, 모텔이라면 당연히 있을 거라 여겼던 빨래방 서비스가 없었던 것. 으흑, 모텔의 세탁기만 믿고

있었는데, 그랜드캐니언에서부터
잔뜩 밀린 이 빨래들을 어떻게
하지?

　우리는 빨래방을 찾고 저녁도
해결할 겸 동네를 돌아다녀 보았다.
하지만 지나다니는 사람도 없는데다 일요
일이라 그런지 가게들이 모두 닫혀 있었다. 어쩔
수 없이 빨래는 다음 장소로 미루고 일단 식사부
터 하기로 했다.

　서부에 왔으면 스테이크 정도는 썰어줘야 좋은 여행이 아닐까? 괜찮
은 웨스턴 스타일의 레스토랑을 찾아보았지만 역시나 문을 연 곳이 없었
다. 우리가 기대했던, 카우보이와 예쁜 아가씨가 컨트리 송에 맞춰 홀에
서 춤을 추고 식탁에는 두툼한 스테이크가 지글거리는 식당은 눈을 씻고
봐도 찾을 수 없었다. 다른 지역에 가면 근사한 곳에서 멋진 식사를 할
수 있으리라 애써 위안하면서 우리는 겨우 찾은 슈퍼마켓에서 일본 라면
과 몇 가지 과자를 샀다. 여행 3일째 날부터 라면 신세라니, 갑자기 빈곤
해진 기분이 들었다. 하지만 '시장이 반찬' 이라는 말이 있지 않은가. 맛
있게 라면을 먹은 우리는 라면을 끓이는 내내 수영장에 가자고 보챘던
지아를 데리고 이 모텔의 유일한 장점이 된 수영장으로 향했다.

　지아가 좋아하는 물속에 같이 몸을 담그고 물장구를 치며 놀기도 하
고, 수영장 옆의 조그마한 스파에 앉아 피곤한 심신을 달래기도 했다. 스
파 덕분에 피로가 어느 정도 풀리자, 빨래건 라면이건 다 잊고 미국 모텔

의 예찬론자가 되었다.

'식사나 빨래는 다른 곳에서도 할 수 있지만, 오늘은 그간의 피로를 풀어줄 수 있는 따뜻한 스파가 정말 필요했어!'

지난 3일간의 여독이 이 작은 스파 욕조에서 스르르 녹아내렸다. 이제까지 눈과 마음을 즐겁게 해주는 여행을 해왔다면, 몸 또한 즐거움을 느끼게 해줘야 했다. 심신의 즐거움이 조화를 이루고 모험과 휴식이 균형을 이루는 것, 이것이 진정한 여행이니까.

모텔에서의 편안한 첫날밤을 통해 낯선 곳을 여행하면서 쌓인 모든 피로를 풀었다. 지아도 오늘 하루가 즐거웠는지 쫑알쫑알 잠꼬대를 해댔다.

아이와 함께 숙소 100% 즐기기

01 너무 늦게 입실하지 말고 저녁쯤 체크인을 해서 수영장과 스파에서 피로를 푼다.(서부의 웬만한 모텔에는 수영장과 스파가 갖춰져 있다.)

02 밀린 빨래를 먼저 돌린다. 여행자에게는 세탁 서비스(Laundry service)가 필수! 코인은 프런트에서 바꾸자.(여행을 떠나기 전 대형마트에서 미리 세제를 사둔다. 모텔의 미니 세제는 가격이 비싸다.)

03 간단하게 밥을 해 먹을 수 있는 전기밥솥이나 포트를 준비. 몰래 라면이나 즉석 밥을 먹는 것은 한국인이라면 필수.

04 아침 식사가 제공되는 모텔에서는 일찍 기상해야 한다. 간단한 미국식 아침 식단으로 식사를 해결하고 그곳에서 약간의 간식거리를 챙길 것.(과일이나 플레인 요구르트, 빵, 잼 등.)

PHOTO
ALBUM

10548606
POLAROID 35

Oh~
nice photo!!

Native
Navajo Land Navajo People
OPEN

카시트에서
혼자놀기의 달인이
되어버린 지아~

더운 바람만
부네~

지아야~
이제 가자

왜
아무도 없지?

와~
여기 우리밖에 없어~

모뉴먼트 밸리 입구 들어서자
마자 보이는 '벙어리장갑' 바위~
뭐 먹을 거
없나~?

↑ 몬티첼로 Days Inn에서...

Travel 3.
아치스

그랜드캐니언이 웅장하고 평온한 경관을 담은 파노라마 사진 같았다면,
모뉴먼트 밸리는 거친 느낌의 남성스러움과 태고의 영험함을
재현한 그림 같았다. 그렇다면, 아치스는 어떻게 정의할 수 있을까?
한국에서 Dew가 인터넷을 통해 수도 없이 보여줬던 사진 속의 풍경이
지금 내 앞에 펼쳐져 있다.

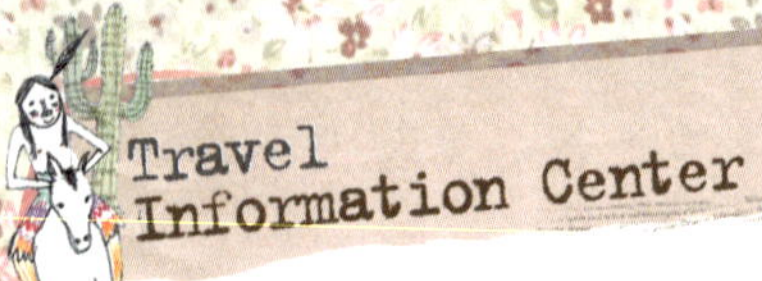

아치스 국립공원은 어떤 곳일까?

유타 주 동쪽에 위치한 아치스 국립공원은 모뉴먼트 밸리에서 북쪽으로 약 120마일가량 떨어져 있다. 수많은 아치로 구성되었다 하여 아치스라고 불리는 이 공원의 생성 과정은 다음과 같다. 3억 년 전 이 지역에 바닷물이 들어왔을 때 수백m 두께의 사암 지대가 콜로라도 고원에 안착하였다. 이후 고여 있던 바닷물이 증발하면서 드러나게 된 사암들이 1억 년이 넘도록 침식되면서 모래 아치들이 형성된 것. 현재 공원 안에 있는 아치는 아직도 형성 과정에 있는 것들과 무너져 내려 석주만 남은 것을 모두 합쳐 300여 개. 그중 완전한 아치의 형태를 유지하고 있는 것은 90여 개에 이른다.

구조에서의 아치는 BC 4000년경 메소포타미아에서부터 존재했었다고 추정되지만, 대자연이 빚은 아치는 지구의 역사와 함께했다. 수억 년의 시간을 거쳐 변화하고, 세월의 풍화에 맞서 탄생과 죽음을 반복하며 오늘날에 이른 것이다. 장관을 이루는 아치들은 신의 손으로 빚어낸 대자연의 예술 작품이다. 미래의 어느 시점에는 태초의 모습인 평원으로 돌아갈지도 모르겠으나, 아치스는 지금 현재로서는 가장 많은 아치와 첨탑들이 모여 있는 세계 최대(8,980만 평)의 자연조각공원이다. 한마디로 아치스는 얼음, 극도의 기온, 땅속 소금들의 율동으로 조각된 공원이라 할 수 있겠다.

대자연의 생명력과 손길이 깃든 아치들을 감상하는 방법은 다양하다. 40마일이나 이어지는 포장도로를 따라 각각의 뷰포인트에 들러 먼 거리에서 아치를 관람하는 방법도 있지만, 아치를 제대로 보려면 지정된 주차장에 차를 세워놓고 트레일을 이용해 하이킹을 해야 한다. 조금 더 수고할 의향이 있다면, 사암(Sand Stone)으로 이뤄진 거대한 창을 통해 아치를 바라보거나, 거대한 벽을 이룬 사암들 속을 유유히 거닐며 아주 가까운 곳에서 감상할 수도 있다. 몇몇의 트레일에서는 매혹적인 모습의 작고 다양한 아치들을 만날 수 있으며, 때로는 이런 아치들 속에서 인디언들의 발자취를 발견할 수도 있다. 아치스 공원은 다양한 모양의 아치를 감상하는 데에만 그치지 않는다. 아치의 모습은 시간에 따라서도 변한다. 시간 여유가 있다면 아치스 공원에서 캠핑을 하거나 인접 도시인 모아브에서 숙박을 하며 석양이 내린 아치스 공원을 감상하자. 태양이 가장 뜨겁게 달아오르는 저녁 무렵의 석양, 붉은 태양빛을 받아 강렬한 붉은색으로 타오르는 아치들의 향연을 감상할 수 있다.

아쉽게도 우리나라 사람들의 주요 여행 출발지가 캘리포니아여서, 아치스 공원까지의 거리가 멀다는 점과, 그랜드캐니언이나 자이언, 브라이스캐니언보다 지명도가 낮다는 이유로 대부분 포기하는 관광지이기도 하다. 그러나 특별한 경험을 원한다면 장엄한 천연 조각물들과 멋진 아치들이 장관을 이루는 아치스 공원을 꼭 방문해보길 바란다.

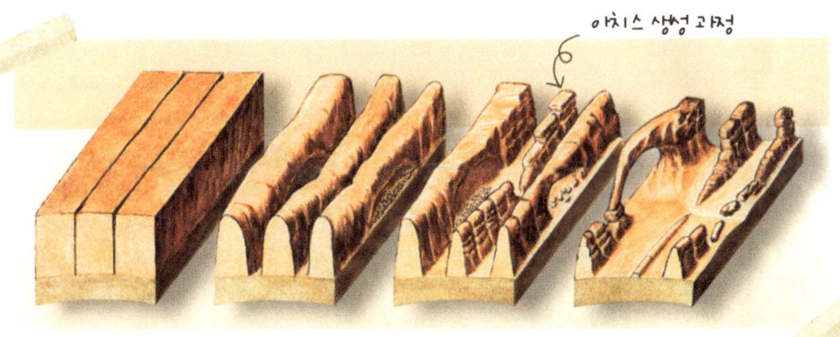

아이와 함께하는 여행, 트레일 선택이 중요하다

　　아이와 함께하는 여행자들은 트레일 선택에 신중해야 한다. 대부분의 미국 국립공원은 방대한 스케일을 자랑하는 만큼 트레일의 종류도 많고, 직접 가보지 않은 트레일의 주변 경관이 어떤지도 모른다. 그런 상태에서 계획을 세우려면 많은 어려움이 따른다. 그렇다면 아이와 함께해도 무리가 없으면서 훌륭한 경관을 감상할 수 있는 트레일을 선택할 수 있는 방법은 무엇일까?

　　정답은 오직 하나. 여행을 떠나기 전부터 인터넷이나 여행 가이드북을 통해 꼭 가고 싶은 공원 내 장소의 사진이나 기본 정보를 습득한다.(다른 사람의 경험을 간접적으로 체험하고 간다.) 아무런 정보 없이 단지 아이를 위해서 쉬운 트레일을 선택했다가 아무런 감동을 느끼지 못한다면 뜨거운 태양 아래서 시간과 에너지만 낭비할 수도 있다. 반대로, 너무 무리한 코스를 선택할 경우에는 중간에 포기하기 십상이다. 만약 사전 정보가 부족하거나 계획을 세우는 데 어려움이 있다면, 방문객 센터에서 아이와 함께할 수 있는 코스를 추천 받자. 관광할 수 있는 총 시간에 맞춰 공원 가이드가 시간 내에 돌아볼 수 있는 적당한 트레일을 추천해줄 것이다.

🛡 아치스 공원의 다양한 트레일(Trail)

쉬운 코스(Easy Trail)

1. 밸런스 록(Balanced Rock) 걷기 쉬운 코스로, 밸런스 록 하단까지 갈 수 있다.
거리 0.3마일(0.5km), 왕복 · 트레킹 시간 15~30분

2. 윈도즈(The Windows) 노스 윈도즈(North Windows)와 사우스 윈도즈(South Windows) 그리고 터릿 아치(Turret Arch)를 순환하는 길로, 걷기엔 쉬운 길이지만 노스와 사우스 윈도즈 둘 다 보기 위해서는 좀 더 오래 걷는 수고가 필요하다.
거리 1마일(1.6km), 왕복 · 트레킹 시간 30~60분

3. 더블 아치(Double Arch) 스펙터큘러 아치(Spectacular Arch)까지 이동하는 트레일로, 푸석푸석한 모랫바닥으로 되어 있어 걷기 쉽다.
거리 0.8마일(1.2km), 왕복 · 트레킹 시간 15~30분

4. 델리케이트 아치 뷰포인트 로 뷰포인트(Delicate Arch Viewpoint : Low Viewpoint) 평지이며 휠체어를 이용해서도 갈 수 있다. 그러나 아치와는 약간 떨어져 있다.
거리 100야드(91m) · 트레킹 시간 10분

5. 우퍼 뷰포인트(Upper Viewpoint) 바위가 많은 길로, 산등성이 가까이까지 올라갈 수 있다.
거리 0.5마일(0.8km), 왕복 · 트레킹 시간 15분

6. 샌드 둔 아치(Sand Dune Arch) 걷기 쉬워서 아이들에게 가장 적합한 길이다. 깊은 모랫길로 사암 벽 사이를 걸을 수 있다.
거리 0.3마일(0.5km), 왕복 · 트레킹 시간 15~30분

7. 브로큰 아치(Broken Arch) 널따란 초원을 가로지르는 평탄한 길을 통해 이곳으로 다가갈 수 있다.
거리 1.3마일(2.1km), 왕복 · 트레킹 시간 30~60분

8. 스카이라인 아치(Skyline Arch) 경사가 완만한 바위 위를 지나면 가까이에서 아치를 감상할 수 있다.
거리 0.4마일(0.6km) · 트레킹 시간 10~20분

9. **랜드스케이프 아치(Landscape Arch)** 조금 높은 곳에 위치한 자갈길을 통해 터널 아치(Tunnel Arch)와 파인트리 아치(Pinetree Arch)까지 이르는 짧은 코스.
   `거리` 1.6마일(2.6km) `트레킹 시간` 30〜60분

적당한 코스(Moderate Trails)

1. **파크 애비뉴(Park Avenue)** 가파르게 경사진 길을 따라 캐니언의 장관을 볼 수 있고, 코트하우스 타워(Courthouse Towers) 근처까지 내려갈 수 있다. 순환하는 코스가 아니어서 트레킹을 시작했던 곳이 아닌 다른 곳에 도착하게 되니, 일행 중 한 사람이 차량을 이용해서 픽업하거나 왔던 길로 되돌아가야 한다.
   `거리` 1마일(1.6km), 편도 `트레킹 시간` 30〜60분

2. **타워 아치(Tower Arch)** 작은 돌들로 이루어진 가파른 경사 길이 있어, 조금은 어렵게 느껴질 수 있는 코스. 클론다이크 블러프(Klondike Bluffs)까지 꽤 멀고, 길이 폭우에 의해 변할 위험도 있으니 트레킹을 떠나기 전에 필히 기상 상태를 확인해야 한다.
   `거리` 3.4마일(5.5km), 왕복 `트레킹 시간` 2〜3시간

어려운 코스(StrenuousTrails)

1. **델리케이트 아치(Delicate Arch)** 개인당 2ℓ의 물은 필수! 그만큼 힘든 코스로, 그늘도 없다. 초기 0.5마일 정도는 평탄하게 시작되지만, 그 이후로는 점차 경사가 심해진다. 델리케이트 아치까지의 높이는 2000야드(182m) 정도이다.
   `거리` 3마일(4.8km), 왕복 `트레킹 시간` 2〜3시간

2. **데빌스 가든(Devils Garden)** 공원 내에서 가장 긴 트레일로 8개의 장엄한 아치를 관람할 수 있는 코스다. 미끄러운 벽과 좁은 돌길을 기어 올라가야 하는 어려운 코스로, 바위가 젖었거나 눈이 왔을 경우에는 추천하지 않는다. 트레일 입구에서 공원 가이드와 함께 트레킹할 수 있다.
   `거리` 7.2마일(11.6km), 왕복 `트레킹 시간` 3〜5시간

3. **더블 오 아치(Double O Arch)** 사암으로 이루어진 석판 위를 오르는 등, 도전적인 트레킹. 파티션 아치(Partition Arch)에서 나바호 아치(Navajo Arch)까지 이어져 있다. 이 트레일 역시 입구에서부터 공원 가이드와 함께 트레킹할 수 있다.
   `거리` 4.2마일(6.8km), 왕복 `트레킹 시간` 2〜3시간

Eagle Park

ARCHES
NATIONAL PARK

모래놀이!

Devils Garden
Trailhead

Skyline Arch

Sand Dune Arch

Delicate Arch

Fiery Furnace
Viewpoint

Wolfe
Ranch

Delicate Arch
Viewpoint

Salt Valley Overlook

Cache Valley
Overlook

Panorama Point

덜덜 덜덜~

Pothole Arch

Balanced Rock

Double Arch

The Windows
Section

Petrified Dunes
Viewpoint

Courthouse Wash

Courthouse
Towers

191

La Sal Mountain
Viewpoint

128

출발!!

Park Avenue

Visiter Center

Moab Valley

<h1>자연이 만든
예술 작품을 접하다</h1>

"이리 와봐! 우리가 갈 곳이 이렇게 생겼어. 멋지지!"

하루 종일 마감에 시달린 나에게 여행 준비에 들뜬 Dew가 소리쳤다. 그럴 때면, 나는 너무나 귀찮아하며 "나중에 볼게." 혹은 보더라도 별 감흥 없이 "그렇군."이라고 무성의하게 응대했다. 당시의 나는 우리의 묻지 마 여행이 걱정스러운데다, 떠나 있을 동안의 공백을 채우기 위해 늘어놓은 일들은 다 끝내놓고 떠나야 한다는 조바심에 몸살이 날 지경이었다. 그기 아무리 보라고 해도 ㄱ 어떤 풍경 사진도 눈에 들어오지 않았고, 여행 준비에 들떠 있는 Dew가 철없게도 느껴졌다.

'Dew, 난 지금 스트레스 만땅이라고, 만땅.'

그런데 그때 보았던, 내가 무감각하게 받아들였던 그 풍경이 내 눈앞에서 생생하게 펼쳐지고 있었다. Dew가 그렇게 흥분했던 이유를 충분히 공감할 수 있게 만드는, 너무나 멋진 아치스의 풍경이 말이다.

어떻게 저런 모양의 아치들이 생겨났을까?

세월이 만들어낸 자연의 형상물이라고는 하지만, 커다란 구멍이 뻥뻥 뚫린 사암들은 보면 볼수록 신비롭고 경이로웠다. 아치 모양의 돌은 아름다운 무지개 같았고, 밸런스 록Balanced Rock은 세찬 바람이라도 불면 쓰러질 것 같아 보기만 해도 아슬아슬했다. 세월의 풍파를 견뎌낸 커다란 아치, 이 아치를 통과하면 마치 다른 세상이 열릴 것 같았다. 아니, 커다란 아치들 사이의 공간으로 나는 이미 다른 세계를 바라보고 있었던 것일지도 모른다.

여행을 통해
조금씩 성장하는 아이

아치스 공원은 수백 개의 멋스러운 아치들이 광활한 대지 곳곳에 펼쳐져 있다. 그래서 우리는 각각의 아치들을 구경하기 위해 차를 포기하고 걷기로 했다. 아치스 공원에 도착하자마자 방문객 센터에 들러 부족했던 계획을 보충했다. 한국에서부터 아치스의 정보를 인터넷www.nps.gov/arch으로 찾아보고 기본적인 계획을 세웠던 Dew 역시 아치스에 도착했을 때의 기후가 어떨지, 지아와 우리의 컨디션이 어떨지까지는 알기 어려웠기 때문에 다시 꼼꼼하게 계획을 체크해볼 필요가 있었다. 방문객 센터의 벽에 붙어 있는 사진들과 모니터 속 트레일의 모습들을 보며 대략적인 비교도 하고, 공원 관리자에게 우리의 계획이 아이에게 무리가 없을지 조언을 구했다. 아치스 공원은 당일 일정이었기 때문에, 머릿속에서 가

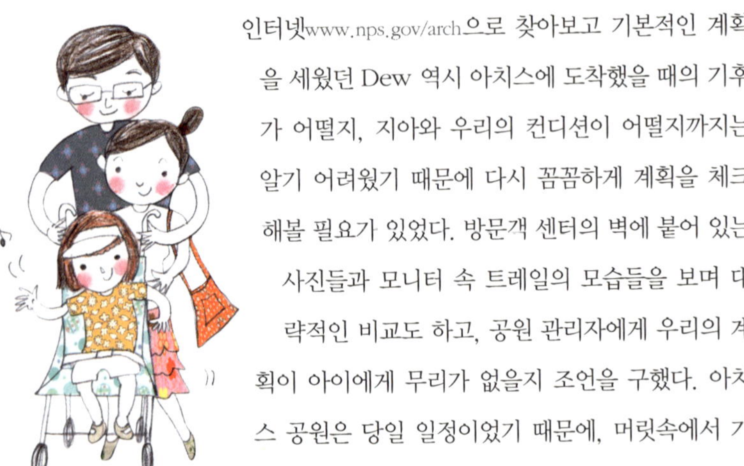

능하다고 생각했던 빡빡한 일정은 결국 공원 관리자에 의해 일부 수정될 수밖에 없었다. 5~6시간의 계획이 2시간 30분~3시간의 계획으로 바뀌었다.

'우리는 할 수 있어요! 이 정도 거리는 지아도 충분히 버틸 수 있지 않나요?'

이런 외침은 나의 마음속에서만 메아리칠 뿐이었다. 사실 계획의 일부에는 어른인 우리의 욕심이 포함되어 있었다. 지아가 잘 견뎌줄지, 이제 네 살 된 꼬마가 얼마나 오래 걸을 수 있을지 정확히 알지 못한 상황이었기 때문에 공원 관리자의 손에서 수정된 계획표가 지아를 위해서는 한결 나아 보였다. 우리는 잘려나간 몇몇 트레일을 다음 기회로 미뤘다.

차를 타고 12마일 정도 떨어진 윈도즈 주차 구역Windows Parking Area으로 향했다. 목적지에 도착하자마자 저 멀리 윈도 섹션Window Section: South Window와 North Window Arch이 눈앞에 펼쳐졌다. 사진으로만 보아 왔던 사암으로 만들어진 거대한 창문은 우리를 설레게 했다. 그러나 트레킹을 시작한다는 기대감은 뜨거운 태양과 그늘 한 점 없는 트레일이 실제 눈앞에 펼쳐지자 걱정으로 변했다. 완만한 경사를 걷는 트레킹이라 하더라도 주로 유모차에 의지해서 돌아다닌 네 살짜리가 이 더운 날씨에 잘 걸어줄지 걱정되었다. 우리는 다시 차로 돌아가 지아에게 선크림을 잔뜩 발라주고 따가운 햇볕을 가릴 수 있는 모자와 선글라스를 씌워주었다. 그리고 가방에는 물과 수분이 많은 과일을 넉넉하게 집어넣었다.

'이럴 줄 알았으면 한국에서 양산이라도 가져오는 건데……'

부모의 자식 걱정은 먼 이국 땅에서도 끝이 없었다.

뭐 먹을 거 없나~?
우리 지아가 다 컸네~
그러게~ 걱정했던 것보다 훨씬 잘 하니까 너무 대견해! 헉헉... 근데, 우리 조금 쉬었다 가자~ 더워~
엄마! 엄마! 빨리 올라와 봐!
메롱메롱~

평지에 가까운 트레일 사이사이에는 폭이 넓은 계단이 있었다. 카시트에서 해방된 기쁨 탓인지, 지아는 더위에는 아랑곳하지 않고 계단을 성큼성큼 오르며 뛰어놀기 시작했다. 윈도즈 아치를 향해 뛰어가기도 하고 우리를 향해 달려와서 빨리 오라고 재촉하기도 했다. 길 옆 황무지에 자라난 식물들의 이름을 물어보기도 하고 붉은색 흙을 집어 조몰락거리며 놀면서 우리의 걱정이 한낮 기우임을 증명해주었다. 예쁜 분홍색 선캡과 선글라스를 멋들어지게 쓴 꼬마 숙녀는 부모에게 전혀 의지하지 않고 목적지인 윈도즈까지 활기차게 올라갔다.

아이와 함께하는 여행을 계획하다 보면 아이 걱정이 가장 우선시된다. 아이가 아프지 않을지, 아이와 함께할 수 있는 일은 어디까지인지 등, 미리 예상하고 고려해두어야 할 일이 무궁무진하다. 이런 제약들 때문에 많은 부모들이 아이와의 여행을 포기하는 경우가 많다. 그러나 아이들은 부모들의 걱정과는 반대로 여행을 통해 놀라운 모습을 보여준다. 어른도 힘들어할 만한 거리를 씩씩하게 걷거나, 조금은 엉뚱한 질문을 통해 어른들이 미처 발견하지 못한 새로운 관점을 제시해주기도 한다.

여행의 주된 목적은 좋은 환경과 새로운 문화를 접하는 데 있다. 아이와 함께하면 부모도 세상에 대한 이해의 폭을 넓혀갈 수 있다. 그것이 가장 큰 장점이다. 아이가 가진 새로운 능력과 점점 커가는 생각을 곁에서 지켜볼 수 있고 부모도 직접 새로운 세상을 경험할 수 있다는 것.

"아이가 성장하는 모습을 생생하게 느끼고 싶다면……
함께 떠나라!"

나도 기념으로 몇 개
올리고 가야지~

유모차를 끌고
밸런스 록으로

출발한 지 30여 분이 지나서야 노스 윈도North Window에 도착했다. 더위를 이겨내기 위해 잠시 쉬면서 물도 마시고 사진도 찍으며 천천히 걸어 올라간 노스 윈도. 그곳에는 아래에서 올려다보던 모습과는 비교도 안 될 만큼 웅장한 풍경이 펼쳐졌다. 파란색 하늘과 붉은색 아치가 선명한 대조를 이루며 우리의 시야를 틔워주었다. 아치의 구멍 사이로 보이는 풍경은 너무나 아름다웠다.

한창 시절 미술 시간에 스케치북에 담았던 손가락으로 만든 사각형 프레임 속 풍경처럼, 윈도 섹션의 커다란 창 안에 담긴 풍경이 한 폭의 그림처럼 느껴졌다. 몇 호나 될지 짐작하기 어려운 대형 캔버스……. 나는 이 앞에서 한없이 작은 존재가 되었다. 거대한 명화의 어느 한 부분도 놓치지 않기 위해 나는 고개를 이곳저곳으로 옮겨가며 한동안 그 깊은 아름다움에 빠져들었다. 우리를 품은 자연의 품 안이 얼마나 넓고 깊은지 절실히 깨달으면서.

와~
스케일 한번 크다
♪구멍 사이로
바람이 부네~
시원해~♪

여기 한번 봐봐~

North Window
South Windo

다시 출발! 노스 윈도를 지나자, 커다란 바위에 가려 있던 사우스 윈도 South Window가 모습을 드러냈다. 노스 윈도와 사우스 윈도의 두 구멍이 함께 보이는 윈도즈Windows는 '배트맨의 가면'이란 이름이 제법 어울릴 것 같은 모습이었다. 내려오는 길을 따라 두 윈도즈의 맞은편에 있는 터릿 아치Turret Arch를 살펴보고 다음 장소로 이동했다. 윈도 섹션 다음으로 미뤄뒀던 밸런스 록에 도착해서야 지아의 유모차를 펼쳤다. 경사가 심해지거나 길이 험난할 때는 걷게 할 수밖에 없었지만, 다음 여정을 위해서 아이를 쉬게 해줄 필요가 있었다. 다행히, 밸런스 록의 트레일은 유모차를 끌고 가기에 편했다.

밸런스 록은 이름에서 알 수 있듯이 긴 돌기둥 위에 큰 바위가 균형을 잡고 있는 형태였다. 바위는 공원 한편에 외로이 서서 거센 바람에도 떨어지지 않고 몇천, 몇백 년이 지났을지 모를 긴 시간을 버텨내고 있었다.

아치스 공원을 다녀간 사람들의 모습은 항상 바뀌었지만 그들의 앨범 속에 담긴 밸런스 록의 모습은 늘 같아 보이듯, 예측할 수 없는 커다란 아치스 공원의 풍경은 우리가 느낄 수 없을 만큼 천천히 변화한다. 하지만 한편으로는, 밸런스 록은 다른 변수도 갖고 있다. 어느 날 갑자기 균형을 잃고 바위가 떨어진다면, 더 이상의 밸런스 록은 존재하지 않을 테니까. 그러면 우리가 알던 밸런스 록은 폴른 록Fallen Rock이란 이름으로 바뀌게 될지도 모른다.

그렇다면, 지금 내가 보고 있는 밸런스 록이 마지막이 될 수도 있지 않을까? 실제로 데블스 가든Devils Garden에 있던 월 아치Wall Arch가 2008년에 무너져 내렸으니, 밸런스 록 역시 언제 갑자기 떨어질지 모를 일 아닌가. 금방이라도 떨어질 것 같은 바위 때문에 대부분의 사람들은 빠른 걸음으로 이곳을 지나쳤지만, 그 앞에 서서 사진을 찍는 몇몇 대범한 사람들을 보며 나 역시 용기를 내서 사진을 찍었다.

<h1>붉은색 오즈의
모래성에서 노닐다</h1>

우리의 마지막 목적지인 샌드 둔 아치에 도착한 건 아치스 공원에 들
어온 지 3시간 30분이 훌쩍 넘어서였다. 수정된 트레킹 계획이 2시간 30
분에서 3시간짜리였던 걸 생각하면, 원래 계획대로 트레킹을 했더라면
중간에서 포기해야 했을지도 모를 일이었다. 계획을 수정해준 공원 관리
인에게 새삼 고마운 마음이 들었다. 샌드 둔의 트레일은 붉은 모래로 이
어져 있었다. 영화 「오즈의 마법사」에서 도로시가 마법사 오즈가 사는
에메랄드 성으로 가기 위해 노란색 길을 따라갔다면, 우리는 아치라는
신의 작품과 대면하기 위해서는 붉은색 길을 걸어갔다. 여러 개의 넓적
한 석판을 옆으로 세워놓은 듯한, 천장이 뻥 뚫린 동굴을 탐험하는 느낌
을 주는 이곳은 하루 종일 아치들만 보아온 우리에게도 완전히 새로워
보였다. 발이 푹푹 빠지는 붉은 모래와 그 옆으로 놓인 벽은, 세상과 완
벽하게 단절된 것처럼 느껴졌다. 어디서 흘러온 모래일까. 깊은 모래밭
위를 걸으며 작은 모래알들이 신발 속으로 들어오는 것을 불평하고 있을

때, 놀이터에 가면 모래놀이에 여념이 없던 지아가 갑자기 모래 속으로 뛰어 들었다.

"앗! 지아야, 옷 속에 모래 들어갈라!"

우리의 걱정보다 한 걸음 더 빨리, 지아는 이미 모래 속을 뒹굴며 해맑은 미소를 짓고 있었다. 지아의 갑작스러운 행동에 당황해서 주변을 살펴보니 저 멀리서 모래성을 만드는 아이, 모래찜질을 하는 어른, 미리 챙겨온 장난감 삽과 장난감 포클레인으로 모래놀이를 하는 아이들의 모습이 보이는 게 아닌가.

지아는 우리보다 먼저 이곳을 어떻게 즐겨야 하는지 알고 있었던 것이다. 우리도 뒤늦게나마 거추장스러운 신발들을 벗어 던지고 지아와 함께 모래 속에서 즐거운 시간을 보냈다. 모래 속에 발을 파묻고 앉아 있는 동안 나의 시선은 붉은 사암 벽을 따라 보이는 좁고 기다란 하늘로 향했다. 아름다운 이곳에서의 휴식과 평안을 선물해준 하느님께 깊이 감사드렸다.

자연이 만들어준 놀이터에서 1시간을 더 보낸 후에야 아쉬운 마음을 접고 아치스 공원을 떠날 수 있었다. 언제 시간이 이렇게 흘렀을까. 붉게 타는 아치스의 노을을 뒤로한 채 다음 행선지를 향해 출발했다.

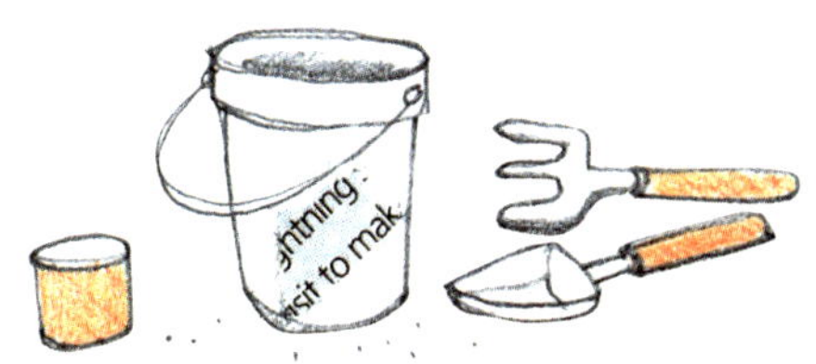

낭패!
물도 안 나오는 모텔

한여름의 서부 여행은 쉬운 일이 아니었다. 다행히 습한 기운이 없어 나무 그늘 안에만 들어가도 시원했지만, 오랜 시간 동안 뜨거운 태양 아래, 그것도 어린 딸아이와 돌아다니는 일은 쉽지 않았다. 그래도 하루 푹 자고 나면 다시 새로운 곳을 탐험할 수 있는 활력이 솟아났으니, 여행 중의 단잠은 다음 날 컨디션을 좌지우지할 만큼 큰 힘이 되는 것 같다.

아치스를 돌아보고 나온 우리는 모아브라는 마을에 도착했다. 모아브는 짙은 흙냄새를 풍기는 전형적인 서부 도시였다. 서부의 고전적인 모습을 잘 간직하고 있어서 작은 도시임에도 관광객들의 발길이 끊이질 않는 지역으로, 메인 도로를 중심으로 관광객을 유치하기 위한 호텔과 모텔, 리조트가 일렬로 모여 있었다.

우리는 하룻밤을 편하게 쉴 수 있는 깨끗한 모텔을 찾아 동네를 한 바퀴 돌다가, 야외 수영장의 커다란 미끄럼틀이 눈

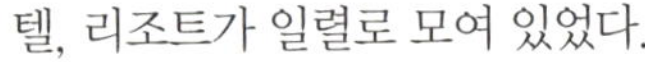

에 띄는 로드웨이 인&스위트 모텔Rodeway Inn & Suites을 발견했다. 이른 저녁부터 반짝이는 네온사인의 불빛이, 하루 종일 모래바람에 지친 여행객의 호감을 사기에 충분했다.

"미리 방을 볼 수 있나요?"
"간단한 아침 식사를 제공하나요?"
"세탁기랑 건조기가 있습니까?"
"모아브에서 보고 즐길 거리가 있습니까?"
"방값은 얼마지요?"

우리가 미리 준비해둔 질문들에 흔쾌히 대답해주는 주인아줌마의 친절한 설명과 안내를 모두 듣고 체크인을 했다. 아, 드디어 휴식이다. 그동안 잔뜩 밀린 빨래들을 세탁기 속에 넣고, 지아랑 같이 코인을 쨍그랑 쨍그랑 집어넣으며 빨래야 잘되라~ 하며 세제도 과할 정도로 듬뿍 넣어주었다. 긴 여행 중에 미처 정리하지 못하고 차 속에 방치해두었던 쓰레기도 버리고, 그동안 미뤄두었던 회계 정리도 하고 나니 마음이 한결 가벼워졌다. 휴~ 이제 샤워하고 저녁 먹으러 나가야지. 그런데 샤워를 하려고 물을 틀자 방을 확인하기 전까지만 해도 잘 나오던 물이 나오질 않았다.

'어, 뭐가 잘못된 거지?'

로비로 나가보니, 지금 지하실의 펌프를 공사하는 중이라며 1~2시간만 기다려달라는 것이 아닌가. 아니, 공사할 거라면 체크인 전에 말해줬어야지. 세탁기 안에 들어 있는 빨래를 살펴보니 좀 전까지 휙휙 잘도 돌아가던 빨래도 멈춰 있었다.

'그래도 모텔인데, 1시간 정도 저녁을 해결하고 오면 물이 나오겠지.'

피곤하고 지친 마음에 끼니부터 해결하기 위해 외출을 하고 돌아왔다. 하지만 돌아와서도 상황은 마찬가지였고 로비에서는 다시 1시간 정도를 더 기다려달라는 답변을 받았다. 우리는 불편한 마음으로 우리 방만 물이 안 나오는지 물었고, 주인은 모텔 전체에 물이 안 나온다고 했다. 그런데도 물이 안 나오는 것에 불만을 나타내는 투숙객은 우리뿐이었다. 다른 투숙객들은 아무런 불평도 없이 세월아, 네월아 기다리고만 있으니 어찌된 영문인지. 한국 같으면 다들 환불해달라고 항의할 만도 한데, 모든 사람이 아무 문제도 없다는 듯 조용히 휴식을 취하는 모습이 낯설었다. Dew는 답답했던지 지하실로 내려가 일하고 있는 수리공에게 언제 공사가 끝나는지 묻고 재촉한 것으로도 모자라, 틈만 나면 끊임없이 밖으로 나가 담배를 피워댔다.

"우리 환불 받고 다른 모텔로 가야 하는 게 아닐까?"

"넣어둔 빨래는 어떡하고. 그리고 다른 곳에 방이 남아 있다는 보장도 없잖아. 수영장에서 놀고 있으면 물이 나올 거 같으니까, 우리 수영이나 하고 놀자."

우리는 하룻밤을 편하게 쉴 수 있는 깨끗한 모텔을 찾아 동네를 한 바퀴 돌다가,
야외 수영장의 커다란 미끄럼틀이 눈에 띄는 로드웨이 인&스위트 모텔을 발견했다.

지아는 이미 수영장에 들어가겠다고 수영복을 챙겼다. 그래, 이왕 이렇게 된 거 다른 곳으로 옮길 수도 없고, 놀면서 기다리자! 어느덧 해가 떨어지고 어둑어둑할 때까지 지아는 물장구를 치고 미끄럼틀을 타면서 즐거운 시간을 보냈다. 우리 가족뿐 아니라 이 모텔에 묵는 모든 투숙객이 이 수영장에 모여 있는 것 같았다. 이런 황야에서 수영을 즐길 수 있는 게 어딘가 싶다가도, 멈춰버린 세탁기를 생각하면 한숨이 절로 나왔다. 시간은 어느덧 저녁때를 훌쩍 넘겼다. 답답한 마음에 담배 연기를 뿜고 서 있던 Dew에게 수리공이 말을 걸었다.

"곧 반가운 소식이 들릴 겁니다!"

반가운 소식이라니! 내 돈 내고 묵는 방에서 샤워도 못하고 있는데……. 다른 사람은 성격이 여유로운 건지 낙천적인 건지 몰라도, 잔뜩 화가 나 있는 Dew에게는 수리공의 말이 반갑게 들리지 않았다. 결국 물이 나온 시각은 밤 11시. 그제야 나와 Dew, 지아는 샤워를 했고, 불을 대로 불어버린 빨래를 돌렸다. 빨래를 건조까지 해서 마친 시각은 새벽 1시. 너무나 피곤했던 나는 졸면서 갠 빨래들을 가방에 주섬주섬 넣었다. 그제야 간신히 피곤한 하루를 마감할 수 있었다.

해가 떨어지고 어둑어둑할 때까지 지아는 물장구를 치고
미끄럼틀을 타면서 시간을 보냈다. 결국 밤이 되어서야 물이 나왔다.

＊셀프주유소에서는 기름도 넣고, 차 청소도 할 수 있어요.

방문객 센터에 걸려있
사진 정말 멋졌어요!!

인적없는 한여름날의 아치스 공원

자~ 이렇게 팔 벌리고 훨훨~
지아랑 엄마랑 닮은 꼴이네...
수분이 부족해! 
꿀꺽꿀꺽~

호호...여기
올라오니 시원하다~

모텔에 들어와 쉬고 있는 지아 어린이~
스티커 만지작 만지작...

아슬아슬~
밸런스 록 앞에서...

쟤네들은 덥지도 않나~?

음...
저 바위 이름은 뭘까?
멋지게 폼 재고
있었는데...
아빠~ 나 오줌마려~
잉~잉~
아
우유가 최고야!
차 안에서 쉬면서 우유 마시고 있는 지아

Travel 4.
브라이스캐니언

우리는 모아브에서 191번 도로를 타고 북쪽으로 올라가서,

유타 주를 횡으로 가로지르는 70번 도로를 탔다.

지금껏 동쪽으로 달렸던 것과는 반대로 서쪽을 향해 달리기 시작한 것이다.

서부 여행의 절반을 멋지게 보낸 우리에게 이번 목적지는 이른바 터닝 포인트.

우리는 그동안의 여행을 무사히 즐겁게 보냈다는 안도감과

새로운 여행지로 향하는 기대감을 품고 허허벌판을 달렸다.

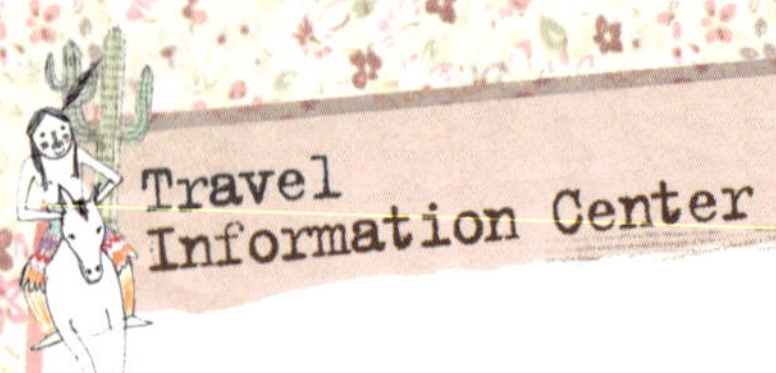

브라이스캐니언은 어떤 곳일까?

브라이스캐니언은 미국 유타 주 남서부에 위치한 거대한 계단식 원형 분지다. 미국에서 가장 유명한 국립공원 중 하나이며, LA와 가깝고 짧은 시간에 관광이 가능하다는 장점 때문에 한국인 관광객들 사이에서 명소로 이름 높은 곳이다. 다양한 색으로 물들어진 바위기둥(Hoodoo)들이 빼어난 경관을 자랑해 '색의 나라' 라고 불린다. 브라이스캐니언의 명칭은 초기 정착자였던 에비니저 브라이스의 이름에서 유래되었다.

성루 모양을 한 후두(Hoodoo : 사전적인 의미는 부두교를 뜻하나 여기서는 침식 작용으로 인해 생겨난 뽀족한 바위기둥을 뜻한다.)들로 이루어진 황무지인 이곳은, 600만 년 전만 해도 평범한 석회암지대였다고 한다. 이후에 평균 강수량 40cm가량 되는 물이 연약한 석회암을 깎아 거대한 바위기둥들을 만들어냈고, 오색 빛깔의 바위들이 보는 이들의 상상력을 자극해 오늘날의 사랑받는 관광지가 되었다. 브라이스캐니언을 둘러보려면 앞의 다른 국립공원들과 같이 관광 셔틀버스를 이용해야 한다. 단, 정해진 루트만 둘러볼 수 있고, 공원 남쪽까지는 이동하지 않는다. 렌터카를 이용하면 좀 더 다양하게 각각의 포인트들을 감상할 수 있는데, 시간이 허락한다면 몇 개의 트레일을 선택해서 집중적으로 살펴보는 것도 좋다. 또한 트레일을 걸어 내려가지 않고도 뷰포인트에서 훌륭한 경관을 감상하는 것이 가능하다. 가장 좋은 관광 시간은 오렌지, 백색, 황색 등 바위기둥의 빛이 더욱 선명해지는 일출과 일몰 때. 이때는 지금껏 보지 못한 자연의 색을 마음껏 감상할 수 있다. 흰눈이 쌓이는 겨울에도 멋진 풍경이 연출된다.

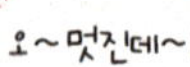

12
63
Fairy Point
Visiter Center
Sunrise Point
Sunset
Point
Inspiration
Point
Bryce Point
정상까지
올라갔다가 차로
천천히 내려오자구~
Paria View
Swamp Canyon
BRYCE CANYON
Farview Point
Aqua Canyon
Ponderosa Canyon
Rainbow Point
Yovimpa Point

모아브에서 하룻밤을 보낸 우리는 브라이스캐니언으로 향했다. 다음 목적지인 브라이스캐니언 국립공원까지는 276마일약 444km. 차를 세우지 않고 계속 달리더라도 4시간 30분가량 걸리는 거리였다.

들뜬 마음도 70번 도로를 시작으로 차분히 가라앉았고, 황량한 풍경에 무료해진 나머지 잠이 쏟아지기 시작했다. 그동안 나는 여행 중에 운전자 옆에서 잠을 자는 것은 예의가 아니라 생각했고, 잠자는 도중에 멋진 풍경을 놓치게 될까봐 항상 쏟아지는 잠을 억지로 참아왔다. 하지만 지루하게 이어지는 풍경은 이런 나의 노력을 허사로 만들고야 말았다.

"Dew, 미안. 1시간만 잘게."

피로를 참아가며 운전하고 있는 Dew에게는 미안했지만, 5시간이 넘는 시간 중 1시간쯤은 이해해줄 거라 생각하며 잠을 청했다. 그런데 얼마쯤 지났을까. Dew의 당황한 목소리가 나의 단잠을 깨웠다.

Dew : Viu, 일어나봐! 큰일 났어!

Viu : 어……, 뭐……?

Dew : 앞으로 100마일 동안 서비스 지역이 없대.(주유소가 없다는 뜻) 아마 아까
지나친 주유소가 마지막이었나봐! 게이지에 표시된 기름은 얼마 안
남았는데 어떡하지?

Viu: (자다 일어나서 아직 심각성을 못 느끼는 중) 뭐라고……?

Dew : 아까 주유소가 하나 있긴 했는데 Viu나 지아가 깰까봐 그냥 지나쳤거든.
다음에 넣어야지, 하고……. 그런데 방금 'No Service for 100Miles'라
고 적힌 팻말을 지나친 거 같아. 진짜 아무것도 없는 것 같아…….

Viu : 나 잔다고 그냥 지나치면 어떡해!(내 핑계는……T.T) 가다가 다른 출구가
나오지 않을까?

하지만 계속 달려도 길은 산으로만 올라갔고 마을이나 다른 도로와
교차되는 곳은 나타나지 않았다. 눈앞으로 보이는 것이라고는 씽씽 달리
는 트럭과 자동차들, 그리고 황량한 사막 길뿐. 이대로 계속 달린다 해도
주유소 같은 건 나타나지 않을 것 같았다.

Dew : 어, 주유 비상등이 켜졌어. 이러다 큰일 나는 거 아닐까?

Viu : (여기서 차가 멈춰버리면 어쩌지……. 차를 세우고 SOS 구조 요청이라도 해야 하는 걸까?
비상용 휴대전화가 있지만 여기 위치 설명은 어떻게 하지?)

오만 가지 생각으로 머리가 아파왔다.

"안 되겠다. 되돌아가자!"

결국 우리는 아까 지나쳤던 주유소로 돌아가기로 했다. 차가 멈추더라도 차라리 그게 더 나으리란 판단이었다. 멈추더라도 이미 지나갔던 길이니 대략 어디쯤 도시가 있는지 알 수 있고, 우리를 위해 누군가 달려오더라도 좀 더 빨리 오지 않을까 싶었기 때문이었다. Dew는 가던 길을 돌아 반대쪽으로 달리기 시작했다.

우리는 기름이 닳을까봐 에어컨을 끄고 창문을 열었다. 차 안으로 후텁지근한 바람이 들어왔지만 덥다는 생각이 들 겨를조차 없었다. 아무것도 모른 채 카시트에서 자고 있는 지아가 그저 부러울 뿐. 온몸이 땀으로 흥건히 젖었을 때쯤에야 아까 지나쳐왔던 마을에 도착했다. 지금도 그때를 생각하면 아찔하다. 황량한 고속도로, 그것도 의사소통이 자유롭지

못한 낯선 타국에서 오도 가도 못하고 공포에 휩싸인 모습이라니.

우리는 그 어느 때보다 기름을 듬뿍 넣고 기름을 가득 채운 기념으로 에어컨도 빵빵하게 틀었다. 신나는 노래를 들으며 다시 출발.

Dew의 조언 한마디!

미국에서는 운전 시에 남은 기름 양을 반드시 체크하고, 항상 100마일 이상 달릴 수 있는 기름을 보유해두자.

우는 아이,
동요를 따라 부르며 달래다

　기름을 가득 채우고 어느 때보다 빠른 속도로 달렸다. 주유소를 찾아 차를 돌렸던 곳도 지나치고 긴장했던 마음도 어느 정도 가라앉았다. 그렇게 한참을 달리던 차 속에서 지금까지의 일을 전혀 알지 못한 채 잠만 자던 지아가 깨어나서 던진 한마디.

　"엄마, 배고파!"

　늦어진 것을 만회하기 위해 4시간이 넘도록 쉬지 않고 달려왔으니 배가 고픈 게 당연했다. 다행히 지금까지 지나온 곳과는 달리 작은 마을도 보이고 중간 중간 휴게소Rest Area도 보이기 시작했다. 간단히 식사도 할 겸, 좁은 카시트 안에서 전혀 움직이지 못했던 지아를 위해 휴게소로 들어갔다. 그늘 아래 놓여 있는 작은 피크닉 테이블 위에 식빵, 잼, 두툼한 햄과 과일 주스 등을 올려놓고 조촐한 식사를 했다. 좁은 차 속을 벗어나 넓은 잔디밭 위에 놓인 테이블에 둘러앉아 시원한 바람을 맞으니 마치 소풍 나온 것 같았다. 지아는 손에 빵을 들고 잔디밭을 뛰어다니며 자유를 만끽했다.

"엄마, 아빠! 여기 너무 좋아. 여기에는 흙먼지도 없고 풀들도 많아. 그리고 나비도. 우리 오늘은 여기서 놀면 안 될까?"

지금까지의 여행에 얼마나 지치고 힘들었을까? 미국에 온 지 일주일이 넘도록 태양열로 달구어진 모래 위를 무작정 따라 걷기만 했으니, 어린 지아에게는 이 휴게소가 지금까지 다녀본 그 어느 곳보다 마음에 들었을 것이다. 하지만 안타깝게도 오래 머물 수는 없었기에 지아를 카시트에 앉히고 서둘러 휴게소를 떠났다. 이런 부모의 행동이 서운해서였을까? 출발하자마자 지아가 울음을 터트렸다.

"지아야, 조금만 가면 어제보다 더 좋은 곳을 볼 수 있어. 그리고 오늘 밤에는 아빠가 더 맛있는 과자도 사줄게. 그리고 수영도 하자!"

Dew의 감언이설을 듣고 나서야 지아는 간신히 눈물을 멈췄다. 그렇지만 표정은 여전히 울상. 우리는 지아에게 미소를 되찾아주기 위해 브라이스캐니언으로 향하는 내내 지아와 함께 카오디오에서 흘러나오는 동요를 따라 불러야만 했다.

Rest Area에서는 식사도 하고 간식도 먹으며 자유롭게 쉴 수 있어,
무료한 운전 시간에 들러주면 기분 전환이 된다.

공중 화장실과 식당, 편의점 그리고 주유소와 정비소까지 모두 갖추고 있는, 여행자들의 오아시스와 같은 곳이 고속도로 휴게소이다. 따뜻한 가락국수, 우리 꼬마 아가씨와 Dew가 사랑하는 핫바, 그리고 왠지 휴게소 아니고서는 제 맛이 안 나는 호두과자까지. 보편적인 공감과 특별한 낭만을 동시에 충족시켜주는 고속도로 휴게소. 그렇다면 넓디넓은 미국 땅에도 우리나라와 같은 휴게소가 있을까? 대답은 "Yes."이다. 하지만 우리가 알고 있는 휴게소와는 다른 모습이라는 것이 좀 더 정확하다.
미국에서는 다음 세 가지 유형의 휴게소를 만날 수 있었다.

마을의 진·출입로에 있는 휴게소

　　대도시 중심으로만 진·출입로가 있는 우리나라의 고속도로와 달리, 미국의 고속도로에는 소규모 도시로 빠져나갈 수 있는 진·출입로들이 많다.(땅덩어리가 넓고 대부분이 평지인 미국이기에 가능한지도.) 사실 도시라고 부르기에는 작은 마을이어서, 이런 소규모 도시의 진입로 입구에는 간단한 편의시설과 주유소 정도만 들어서 있다. 미국 서부에서 발견한 휴게소의 대부분은 이 같은 형태이다. 고속도로에서 마을로 빠지는 진출로로 나가면, 글로벌 석유업체나 우리에게도 익숙한 패스트푸드점과 편의점의 간판들이 보인다. 황량한 벌판에 주유소 몇 개와 단층 건물의 패스트푸드점, 편의점들이 오밀조밀 모여 있는 곳이라고 생각하면 된다.

말 그대로 '휴게소'인 '레스트 에이리어(Rest Area)'

　　고속도로를 한참 달리다 보면 'Rest Area'라고 쓰인 간판을 만나게 된다. 이곳에는 화장실 건물 주변으로 피크닉을 즐길 수 있는 간이 테이블과 의자들이 놓여 있다. 그리고 간단한 음료수와 과자가 담긴 자판기가 있어서, 짧은 휴식을 취할 수 있다. 우리가 가본 대부분의 레스트 에이리어는 잔디

가 깔려 있었는데, 그 잔디 위에 돗자리를 깔고 앉아 직접 싸온 샌드위치를 먹거나 한가로운 피크닉을 즐기는 것이 가능하다. 잔디 위에서 미식축구를 하며 노는 꼬마 여행자들도 있었는데, 땅덩어리가 넓은 만큼 IC와 IC 간 간격이 멀어, 중간에 이런 휴게소를 만든 것 같다. 잠이 오거나, 운전 중 피로를 느끼거나, 아이들의 볼일이 급할 때 잠시 갓길에 차를 세우는 게 우리나라 고속도로의 풍경이라면, 미국의 고속도로는 이런 작은 휴게소를 통해 여행자들의 안전과 휴식을 보장하고 있다.

우리나라 고속도로 휴게소와 유사한 휴게소

미국 여행 중에 이런 휴게소를 찾은 건 동부에서 캐나다로 올라가면서 본 휴게소 한 곳뿐이었다. 주변이 숲으로 둘러싸여 마을이 있을 것 같지 않던 곳이었는데, 그곳의 휴게소 모습은 우리와 흡사했다. 고속도로 바로 옆에 지어진 건물 안에 여러 가지 음식을 파는 식당들이 있었고, 편의점과 화장실 등을 이용할 수 있는 시설도 갖춰져 있었다. 동부의 휴게소가 대부분 이런 형태인지는 확실치 않지만, 우리가 미국에서 발견한 유일한 한국식 휴게소였다.

엄마! 빨간 해님이 돌 색을 바꾸고 있어요

따가운 햇볕이 수그러진 오후 4시가 되어서야 브라이스캐니언에 도착했다. 저녁 무렵이라 그런지 많은 차량이 그곳을 떠나고 있었다. 기름이 떨어져서 왔던 길을 되돌아갔던 일이 결국 우리를 예정보다 2시간이나 늦게 만들었던 것. 그러나 한편으로는, 뜨거운 태양을 피할 수 있는 한산한 오후의 관광도 나쁘지 않을 것 같다는 생각이 들었다. 우리는 브라이스캐니언 입구에서 받은 안내 지도를 펼쳐보았다. 18마일 정도의 공원 메인 도로Main Park Road를 따라, 대략 1.8마일마다 중요 지점들이 표시되어 있었다.

Dew : Viu, 어떻게 할까? 우리가 너무 늦게 와서 트레일을 내려가 보기는

　　　어려울 거 같은데…….

Viu : 그러면 브라이스캐니언의 주요 지점만이라도 모두 둘러보자.

Dew : 그래! 포인트를 모두 챙겨보는 것도 재미있겠다.

지도에 나와 있는 포인트는 15곳. 서두르기만 한다면 해가 지기 전까지 불가능한 일도 아니었다. 브라이스캐니언의 입구와 출구는 하나로 되어 있어, 시간을 절약하기 위해서 공원의 끝인 레인보 포인트Rainbow Point로 최대한 빨리 달려간 뒤 각각의 포인트를 둘러보며 다시 공원 입구로 내려오는 계획을 세웠다.

먼저, 브라이스캐니언 국립공원의 전체적인 전망을 볼 수 있는 레인보 포인트에 올라갔다. 수많은 지층으로 이루어진 돌탑 위로 저녁 햇살이 내려 선명한 노란빛을 띠고 있었다. 그런데 자세히 보니 분홍, 회색, 흰색, 빨강, 초콜릿색 등 수많은 색의 향연이 겹겹의 지층을 따라 펼쳐져 있는 것이 아닌가.

　　원형 분지 위에 자리한 바위기둥Hoodoo들은 세상 어디서도 쉽게 볼 수 없는 기이한 볼거리였다. 첨탑의 성루 모양을 한 바위기둥은 수억 년에 걸쳐 비와 얼음, 바람에 의해 부식되어 탄생했다고 한다. 마치 제각각 다른 생김새와 빛깔을 가진 거대한 산호처럼, 세월의 흐름에 따라 서서히 변화하고 있는 것이다. 바위기둥들과 저 멀리 그림같이 펼쳐진 나바호 산의 조합은 너무나 완벽해서, 마치 포토샵으로 정교하게 합성해놓은 것 같았다.

　　폰데로사캐니언Ponderosa Canyon, 아콰캐니언Aqua Canyon, 내추럴 브리지Natural Bridge, 스왐캐니언Swamp Canyon 등 여러 포인트를 돌면서, 우리는 점점 색채의 마법 속으로 빠져들었다. 아치스 공원의 커다란 아치가

거대한 캔버스였다면, 브라이스캐니언의 바위기둥은 캔버스 위에 완성된 아름다운 걸작이었다. 만약 색의 마술사인 샤갈이 미국인이었고, 이곳에서 이 천연 색들을 보았다면 자신의 색에 회의를 느끼지 않았을까? 인간의 능력이 아무리 뛰어나더라도, 대자연의 아름다움 앞에서는 한없이 움츠러든다. 우리는 차를 타고 달리면서 오른쪽 차창 밖으로 천연의 물감들이 흩뿌려진 오색찬란한 풍경을 감상했다.

공원에 들어온 지 2시간 만에 우리는 브라이스 엠피시어터Bryce Amphitheater에 들어설 수 있었다. 석양을 선셋 포인트Sunset Point에서 보고 싶다는 마음에 발걸음을 서둘렀던 덕이다. 짧은 시간 동안 많은 포인트를 지나쳐온 것이 아쉬웠기에, 여기서는 잠시 여유를 부리며 석양을 감상하기로 했다. 이름 그대로, 고대 로마의 원형 경기장을 닮은 지형 안에 브라이스 포인트Bryce Point, 인스피레이션 포인트Inspiration Point, 선셋 포인트Sunset Point, 선라이즈 포인트Sunrise Point가 자리하고 있었다. 각각의 포인트들은 거대한 성벽이나 신전을 연상시켰다.

"엄마, 저건 버섯 같아."

하얀 바위가 길쭉하게 뻗어 올라온 모양이 새송이버섯 같은 바위기둥을 보고 지아가 소리쳤다. 지아의 소리를 따라서 보니 그 옆으로 뾰족뾰족한 지느러미 같은 바위, 구멍이 뚫려 왕관 모양을 한 바위, 하늘을 향해 일렬로 세워진 모습이 어린 새싹처럼 보이는 고깔 모양의 성루들이 보였다. 우리가 브라이스캐니언 속의 숨은 그림을 찾는 동안, 브라이스캐니언 전체가 붉은 태양빛처럼 타오르기 시작했다.

"엄마, 빨간 해님이 돌 색을 바꾸고 있어. 이렇게 예쁜 건 처음 봐!"

온종일 다람쥐만 쫓아 뛰어다니며 대자연의 풍경에는 별로 관심이 없는 것 같았던 지아의 말에 나와 Dew는 깜짝 놀랐다. 어느덧 지아의 눈은 반짝반짝 빛나는 붉은빛으로 뒤덮인 브라이스캐니언에 매료되어 있었다. 천방지축 지아도 서서히 대자연의 신비로움에 다가서고, 그 경이로움 안에서 이번 여행의 목적에 도달해가는 걸까. 나와 Dew는 깊은 안도감을 느꼈다.

'지아야! 너도 이 모든 걸 느끼고 있었구나. 엄마 아빠는 아름다운 이 자연과 같이 지아도 넓고 예쁜 희망을 가지길 바란다. 고맙다, 소중한 내 딸!'

인디언 텐트에서 보낸
꿈(?)같은 하룻밤

브라이스캐니언을 빠져나오면서 새롭게 생긴 고민은 숙소였다. 브라이스캐니언에서의 일정이 확정되지 않아 한국에서 미리 숙소 예약을 하지 않았기 때문이었다. 해가 지고 나면 숙소를 찾기 어려울 것 같아 마음이 급해졌다.

'이럴 줄 알았으면 석양을 포기하고 빨리 나올 걸 그랬나?'

그때였다. 차창 밖으로 브라이스캐니언의 사설 캠프장이 눈에 들어왔다. 루비스 인 RV파크&캠프장Rubys Inn RV Park & Campground이라는 곳으로, 그 안으로 수많은 텐트와 RV 차량이 보였다. 마치 장난감처럼 보이는 인디언 텐트 티피Tepee도.

'와! 저 인디언 텐트에서 자는 사람들은 참 좋겠다…….' 라고 생각하고 있던 순간, Dew가 말했다.

"저런 데는 비쌀 거야, 그치? 저런 데서 자면 참 운치 있고 좋긴 하겠다. 고기도 구워 먹고."

"응, 저런 데서 캠프파이어를 하고 자면 진짜 좋겠다. 지아도 좋아하겠고……."

"밑져야 본전인데 혹시 남는 자리가 있는지 한번 물어보자. 저런 곳은 얼마나 하는지도 궁금하고. 혹시 알아? 자리가 있을지. 만약 자리가 있으면 비싸도 자자! 이런 경험을 언제 해보겠어."

티피에서 자보는 것도 정말 좋은 경험이 될 거라고 생각하면서 캠프장 입구에 있는 방문객 센터에 들어갔다.

혹시 남아 있는 티피가 있나요?

네, 다행히 하나 남아 있어요.

(자신 없게) 숙박료가 얼마죠?

하룻밤에 22달러입니다.

가격이 이렇게 착하다니. 게다가 캠프장 내에서 모든 취사가 가능하기 때문에 불도 피울 수 있다고 했다.

오호라, 이게 웬 횡재?

오늘은 어디서 자야 할지 불안하던 차에, 오랜만에 다시 야영을 한다고 생각하니 너무 좋았다. 게다가 이곳에서는 우리가 간절히 원하던 캠프파이어도 할 수 있잖은가!

물론, 지아는 우리보다 더 흥분했다. 지아에게 우리 자리를 보여주니 넓은 티피 안을 뛰어다니며 기쁨을 가라앉히지 못했다. 그러다 혹여 넘어지지나 않을까 걱정스러웠지만, 지금은 지아가 기분을 있는 그대로 표현하도록 놔두고 싶었다. 나 역시 인디언이 된 양 텐트 주변을 방방 뛰어다니고 싶었으니까. 숙소를 잡고 한시름 놓았더니 배가 고팠다. 캠핑과 저녁거리를 준비하러 캠프장 근처의 작은 가게를 찾았다. 이곳에서 우리

는 나무와 석탄, 집게 등을 사고 먹을 것으로는 통조림 수프, 스팸, 소시지, 라면, 샐러드, 통감자 등을 장만했다. 모든 것을 완벽하게 갖추진 못했지만, 즉흥적으로 하는 캠프 준비는 짜릿하고 즐거웠다.

늦은 저녁, 조촐하게나마 우리들의 파티가 시작되었다. 분위기 좋은 캠프장에서 스스로 장작불을 피워서 스팸과 소시지를 구워 먹고, 뚜껑을 딴 통조림을 냄비처럼 불 위에 올려서 끓이고, 물도 끓여 컵라면에 밥까지 해 먹었다. 지금 이 순간, 세상의 그 어떤 사람도 부럽지 않았다! 브라이스캐니언의 수려한 협곡과 티피를 배경으로, 포일에 쌓인 감자가 익어 갔다. 검은 밤하늘에 총총히 수놓인 수많은 별들, 뜨거운 열기를 내뿜으며 타들어가는 장작, 그리고 커피 한 잔의 여유. 행복은 일상에서의 사소한 여유, 사소한 발견, 사소한 행운에서 얻어지는 것이다. 지아는 동화책에서 본 인디언을 흉내 내며 지치지도 않고 뛰어다녔다.

그러나 횡재는 여기까지…….

티피에서 잘 생각에 온통 들떠 있었던 우리는 티피 안 천장으로 보이는 별들 때문에 놀라지 않을 수 없었다. 티피의 천장이 훤히 뚫려 있는 게 아닌가?

우리는 그제야 티피 안으로 바람이 숭숭 들어오고 있다는 것을 알아차렸다. 우리에게 이불이라고는 침낭 하나와 지아를 위한 담요뿐. 새벽에 있을 추위에 대비해 지아에게 긴 소매 옷을 최대한 끼어 입히고, 우리 가운데 눕혀 따뜻한 온도를 유지해주려고 노력했다. 갑자기 뚝 떨어진 기온 탓에 몸이 떨려, 아무리 노력해도 잠을 이루기 어려웠다. 우리의 환상적인 기쁨은 어느덧 초라한 슬픔으로 바뀌었다.

검은 밤하늘을 총총히 수놓은 수많은 별들, 뜨거운 열기를 내뿜으며 타들어가는 장작,
그리고 커피 한 잔의 여유. 행복은 일상에서의 사소한 여유, 사소한 행운에서 얻어지는 것이다.

'싼 데는 이유가 있는 거야.'

'왜 사람이 안 차 있었는지 알겠어.'

'티피 이거, 완전 겉만 멀쩡했지, 보온도 안 되고 무지 춥네.'

'인디언들은 이 속에서 어떻게 산 거야?'

억지로 눈을 감았다 뜨기를 반복하면서 원망으로 밤을 지새웠다. 걱정스러운 마음에 지아를 쳐다보니, 다행히 곤히 잠들어 있었다. 아침 9시쯤 되었을까. 날이 밝으면서 포근한 아침 햇볕이 티피를 데워주기 시작했다. 티피 안의 온도가 서서히 오르자, 밤새 꽁꽁 얼어붙어 있던 나와 Dew의 몸은 약간의 안정을 되찾았다.

'이제야 살 거 같다. 오늘 일정을 조금 미루고 늦잠이나 자야 하는 건 아닐까?'

무거운 머리와 몸을 억지로 끌고 밖으로 나오니 오히려 밖이 더 따뜻했다. 얼마나 자주 깨고, 얼마나 웅크리고 잤던지, 온몸이 뻐근했다. 잠을 잔 건지 안 잔 건지 모를 정도로 컨디션은 바닥이었다. 침낭이랑 담요만 더 있었어도 이렇게 고생은 안 했을 텐데……. 그날 밤은 우리 여행에 있어서 최고의 순간과 최악의 순간이 공존한, 두고두고 잊을 수 없는 밤이 되었다.

Dew의 조언 한마디 !
텐트나 티피에서 야영을 할 경우, 한여름이라도 담요와 겉옷을 충분히 챙길 것. 일교차가 심해서 밤에는 기온이 뚝 떨어져 무척 추워진다.

PHOTO ALBUM
엄마! 여기는 콜로라도 강 하류라구요~ 아이참~ 호수라니~
와우! 잔잔한 호수같아~
히히~ 맛있는 간식!
지아야~ 넌 아직 어려서 래프팅 못해~ 쪼그만게 아는 척하긴...
아빠~ 물살이 세다~ 래프팅하면 좋겠다!!

싱글벙글 잘 웃는 우리 딸내미~!
지칠 줄 모르는 저 에너지는
어디서 나오는 걸까~?

아~ 종아리가
너무 타서 빨개~
Bryce Point에서...

바다 속에 들어온 것 같아요~
산호로 만든 성이라고 할까?

나는 한국에서 온
꼬마 발레리나~♪
브라이스캐니언은
아기자기한 볼거리가 많아요~
뾰족뾰족한 모양이 신기하죠~
귀여운 다람쥐랑 친구 하실래요?

길쭉길쭉한 우리 그림자~
해가 지고 있어요...

짜~잔! 우리 티피랍니다~
멋지죠?

즐거운 저녁 파티!!
즉흥적인 캠핑이 더 재밌어요~

소시지~
냠냠~

110548606   POLAROID 35
밤하늘엔 별들이 총총총~

오 호~ 분위기 좀 잡아볼까나~?
통감자 굽는 냄새 구수하고~ 커피 맛도 좋네~!
(슬슬~ 추워지기 시작...)

다음날 아침...

5VDJ487

찌뿌둥~
어질어질~

part. 3

트렌드를……
산책하다

샌프란시스코
San Francisco
뉴욕
New York
라스베이거스
Las Vegas

Travel 1.
라스베이거스

이제 도시로 가자~!!

서부의 광야를 달려온 우리는 이젠 도시를 향해서 달리기 시작했다.
서부 여행을 즐긴 지난 일주일 동안 건조한 사막지대만 보며 달려온 길이
1,381마일약 2,222km. 운전한 시간만 하루 이상이다.
솔직히 가족여행에서 이렇게 무리한 계획을 세웠다는 것이
지금 생각해봐도 웃음만 나오지만, 특별한 자유와 경험을
만들고 싶었던 나와 Dew에게는 최고의 선택이었다는 생각이 든다.
무엇보다 지아가 차 안, 그것도 좁디좁은 부모의 눈에는 더욱 그러하다.
카시트에서 장시간 잘 버텨준 것이 너무나 고맙고 대견스러웠다.

N
W E
S
SAHARA AVE.
STRATOSPHERE
PALACE STATION
SAHARA
LAS VEGAS BLVD.
CIRCUS CIRCUS
RIVIERA
LV HILTON
CONVENTION CTR
15
DESERT INN RD
TRUMP
FASHION SHOW MALL
WYNN
SPRING MT. RD
PALAZZO
TRESURE ISLAND
VENETIAN
HARRAH'S
MIRAGE
IMPERIAL PALACE
CAESARS PALACE
FLAMINGO
RIO
BILL'S
FLAMINGO AVE.
BALLY'S
PALMS
PARIS
BELLAGIO
PLANET HOLLYWOOD
우리가 묵었던 Hotel
15
PARADISE RD
MONTE CARLO
KOVAL
NEWYORK-NEWYORK
MGM GRAND
TROPICANA AVE.
EXCALIBUR
LUXOR
THE LAS VEGAS STRIP MAP
FOUR SEASONS
LAS VEGAS BLVD.
LAS VEGAS OUTLET

열심히 달린 당신!
향락과 휴양의 도시로

때론 먹보, 잠꾸러기, 말썽꾸러기, 장난꾸러기였지만 우리가 너무 힘든 곳을 데려왔나 싶을 때도 있었지만 아직도 여행 중에 지아가 흥얼거리던 노랫소리가 귓가를 맴도는 걸 보면, 지아와 함께했기에 더욱 즐거운 여행이 아니었나 싶다. 처음 밟아보는 땅, 그곳에서의 새로운 볼거리와 경험을 통해 활력을 얻기도 하지만, 한편으로는 낯선 곳에서 행여 실수하진 않을까 긴장을 한 탓에 적잖은 여행 스트레스가 찾아온다. 하지만 이런 모든 고난도 가족이 함께하기에 이겨낼 수 있는 것.

'그래, 우리는 지금껏 열심히 달려왔다! 이제 우리와는 거리가 멀지만 향락과 휴양의 도시로 출발!'

자연 속에서 살아본 지아 가족이 이제는 라스베이거스에서 이틀간 머무르며 휴양을 만끽하기로 했다. 이미 한국에서부터 어느 정도 예상하고 결심했던 휴식인지라, 우리가 인터넷에서 고른 고급스러운 호텔과 그곳의 시설수영장, 뷔페 등에 대한 기대감 덕에, 라스베이거스로 향하는 내

내 기운이 솟았다. 브라이스 공원에서 라스베이거스까지는 약 5시간 거리. 출발할 때부터 시작된 두통은 계속되었지만 잠깐 잠깐의 휴식으로 버틸 만해졌고, 우리에게 이젠 5시간 정도의 이동은 아무런 문제도 되지 못했다. 자, 이제 조금만 더 가면 도시의 문명이 살아 숨 쉬는, 불이 꺼지지 않는 도시에 도착한다. 자연과 함께하는 삶도 행복했지만 도시생활에 익숙한 만큼, 북적거리는 도시가 그리웠다. 사막 한가운데를 가로지르는 동안, 화려한 네온사인으로 둘러싸인 도시의 모습이 점차 생생한 형체를 갖추기 시작했다. 라스베이거스가 가까워 올수록 우리의 심장 박동은 더욱더 빨라졌다. 밤이 없는 도시에 드디어 도착.

'라스베이거스여, 우리가 왔다!'

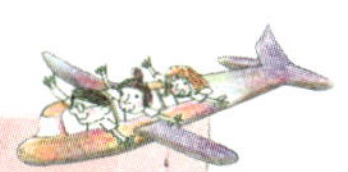

거리의 음악에 맞춰
춤을 추는 작은 동양 소녀

라스베이거스는 빌딩으로 가득 찬 대도시라 그런지, 대기의 온도가 몹시 뜨거웠다. 숨이 턱 막힐 정도의 더위를 참아내며 거리로 나섰다. 라스베이거스의 중심이었던 올드 라스베이거스는 '스트립'이라 불리는 화려한 뉴 라스베이거스에 밀려 한때 주춤했지만, 프리몬트 스트리트 익스피어리언Fremont Street Experience을 계기로 부활했다. 우리 역시 프리몬트 거리에서 펼쳐지는 라이트 쇼Light Show를 보기 위해 첫날은 올드 라스베이거스에 위치한 골든 너겟 호텔Golden Nugget Hotel에서 머물기로 예약한 상태였다. 아직 어두워지지 않았지만, 불빛들은 이미 반짝반짝 빛나는 유혹의 손길로 변해 관광객들의 발걸음을 끌어당기고 있었다. 도박의 도시인 만큼 수많은 카지노에서 울려 퍼지는 소리들로 거리 전체가 소란스럽게 느껴졌다.

관광객들을 쉽게 끌어들이기 위해서 라스베이거스의 숙소는 다른 도시보다 비교적 저렴한 편인데, 우리 숙소도 80달러 정도였으니 그럭저럭

싼 편이었다.

"엄마, 오늘은 어디서 자? 우와, 우리 여기서 자는 거야? 지금까지 잔 곳 중에서 가장 크고 멋지다!"

"그래, 여기서 하루 자고, 내일은 더 좋은 데서 잘 거야."

호텔 로비에서부터 반짝이는 불빛과 화려한 인테리어에 넋을 잃어버린 지아는, 넓은 방에 들어와서도 매일 저녁 달라지는 잠자리가 신기하고도 재미나는지, 이것저것 만지면서 뛰어다녔다.

우리는 서부에서부터 입고 있던 옷들을 벗어 던지고 깔끔한 옷으로 새단장을 했다. 영화 「레인맨」에서 더스틴 호프만과 톰 크루즈가 멋진 정장을 입고 카지노에 나타났던 것만큼은 아니지만, 서부의 붉은 모래가 묻어 있지 않은 깨끗한 옷을 입은 것만으로도 절로 어깨가 펴지는 기분이었다.

오늘은 무엇을 먹을까? 일주일간의 서부 여행 내내 햄버거나 샌드위치 같은 간단한 음식이 주식이었던 터라, 지금 내 몸은 풍족한 요리를 원하고 있었다. 우리는 이것저것 고민하지 않고 호텔 안의 뷔페를 찾아갔다. 골든 너겟 뷔페가 15달러. 그간의 저녁 식사 비용과 비교해보면 상당

마치 축제장에 들어선 듯 흥겨운 분위기가 거리를 메우고 있었다. 지아도 기분이 좋은지, 거리의 악사들이 불고 있는 재즈 음악에 맞춰 흔들흔들 몸을 흔들어댔다.

히 비싼 편이었다.

'하지만 괜찮아. 여기는 라스베이거스잖아!'

쉬지도 않고 몇 접시를 비운 우리 가족은 든든해진 배를 내밀고 라이트 쇼를 보기 위해 프리몬트 스트리트 익스피어리언으로 들어갔다. 4블록 정도의 천장을 모두 덮은 지붕 덮개 아래로 다양한 영상을 비춰 환상적인 쇼를 보여주는 이곳에는 저녁 8시 공연저녁 6시부터 자정까지 매시 정각에 공연이 열린다.에 맞춰 이미 많은 사람들이 모여 있었다. 마치 축제장에 들어선 듯 흥겨운 분위기가 가득했다. 지아도 기분이 좋은지, 거리의 악사들이 연주하는 음악에 맞춰 몸을 흔들었다. 지나가던 사람들은 뒤뚱거리는 동양 소녀의 춤인지 몸짓인지 모를 율동을 보며 쿡쿡 웃어댔다. 얼마나 열심히 추던지, 남들의 시선도 아랑곳하지 않고 계속 몸을 흔들어대는 지아가 부러울 정도였다.

경쾌한 음악과 함께 라이트 쇼가 시작되었고, 사람들이 천장에서 뿜어져 나오는 영상을 보며 탄성을 질렀다. 지아 역시 입을 벌린 채 천장을 쳐다보기에 여념이 없었다. 더욱 놀라운 건 총 길이 400m, 높이 20m의 돔으로 구성된 공간에 조명, 영상, 음향이 하나로 어우러진 이곳을 우리나라 LG전자가 제작했다는 것. 세계 최대의 복합 멀티미디어 쇼가 우리의 기술로 이루어진다니, 가슴 벅찬 감동이 일었다. 하늘을 막아 그곳에서 영상이 흘러나온다는 놀라운 아이디어와 예술적인 영상에 감탄하며, 라이트 쇼가 끝날 때까지 시선을 떼지 못했다.

Sam Boyd's
$11.99
STEAK &
LOBSTER
9 - 11PM
LOOSE $ SLOTS
DUNKIN' DONUTS
COFFEE
DONUTS &
SO MUCH MORE!
OPEN 24HRS
Gelato

아이가 반한
거대한 놀이공원 도시

라스베이거스는 도박의 도시다. 그러나 아이를 데리고 와서 슬롯머신이나 룰렛 등 게임을 하는 것은 불가능하다. 우리는 일찌감치 카지노는 접어두고 지아에게 초점을 맞춰서 지내기로 합의했다. 번화한 신시가지의 호텔만 구경해도 볼거리가 너무나 많았고, 쇼핑몰과 맛있는 레스토랑까지, 우리를 유혹하는 것은 카지노만이 아니었다. 게다가 지아는 호텔 안에 있는 작은 분수부터 야외에 있는 으리으리한 분수에 이르기까지 소리를 지르고 달려가 동전을 던지며 신나 했으니, 아이에겐 이곳이 거대한 놀이공원이었다.

성수기에 대비해 라스베이거스의 호텔은 한국에서 미리 예약을 했다. 첫날은 구시가지에서 머물렀으니, 둘째 날은 신시가지로 넘어가 좀 더 멋진 호텔에서 느긋하게 지낼 생각으로 '파리스 호텔Paris Hotel'을 선택했다. 그다지 비싸지 않으면서도 투 베드 룸Two Bed Room의 인테리어가 고급스러워 마음에 들었다. 특히 파리스 호텔의 가장 큰 특징은 에펠탑이 서 있는 호텔 외관이었다. 수영장에서 바로 보이는 에펠탑이 마치 파리에 와 있는 듯한 착각을 불러일으키는, 이국적인 요소와 로맨틱함을 두루 갖춘 호텔이었다. 호텔 1층 아케이드는 실내임에도 불구하고 유럽의 거리를 재현한 듯 바닥에 귀여운 돌들을 깔아, 운치가 있었다. 기념품 가게와 카페, 다양한 각국의 레스토랑 등이 아기자기한 사진과 멋진 인테리어로 꾸며져 있었다. 다른 한편에서는 어마어마하게 큰 수천 개의 카지노가 시끄러운 소음을 내뿜고 있어 나도 모르게 시선이 자꾸만 쏠렸지만, 꾹 참고서 미리 인터넷으로 찍어두었던 뷔페 레스토랑을 찾아 나섰다.

르 빌리지 뷔페Le Village Buffet. 아침 식사 시간이 조금 지난 때인데도 이곳 입구에는 많은 사람들이 길게 줄 지어 서 있었다. 한참을 기다려 안내 받은 레스토랑의 내부는 작은 프로방스 마을의 골목골목이 그대로 재현되어 있었다. 노천이 아닌 노천에 앉아 식사를 하고 이야기를 나누는 사람들의 모습에서 유럽 스타일의 여유와 자유로움이 느껴졌다. 음식도 과연 기다린 보람이 있구나 싶을 만큼 하나하나 맛있었고, 모양과 색깔까지 예뻤다. 특히 소금과 후추, 허브만으로 양념해서 익힌 가지, 호박, 파프리카, 양파, 브로콜리 등은 아무리 먹어도 질리지 않았다. 다른 오븐 요리도 서부 여행 동안 굶주렸던 우리 배 속을 든든히 채워주었다. 환상적인 디저트 코너의 케이크와 푸딩, 요구르트, 아

이스크림은 바라만 봐도 와우! 역시 많은 사람들의 발길이 향하는 곳에는 그럴 만한 이유가 있다.

"아빠! 이 케이크도 먹어볼래!"

온갖 디저트를 우리 테이블로 가지고 온 지아 덕분에 이것저것 다양한 디저트도 맛보았다. 라스베이거스를 방문하게 된다면 꼭 르 빌리지 뷔페의 환상적인 음식을 맛보길. 떠나는 다음 날 아침에도 그곳에서 식사를 했는데 그때 반한 맛이 지금도 잊히질 않는다.

에펠탑 아래서 휴양지의 풍류를 즐기다

    이번 여행에서 가장 훌륭한 수영장을 꼽으라면 단연 이곳을 말할 것이다. 에펠탑이 보이는 파리스 호텔의 야외 수영장. 투숙객이라면 공짜로 이용이 가능하니 이런 기회를 놓칠 수야 있나! 한국에서부터 호텔 사이트에 소개된 수영장 사진을 보면서 이곳에서 아주 여유 있게 놀아주리라 결심했던 차였다.

    우리가 라스베이거스에서 카지노 대신 수영을 하면서 물에 둥둥 떠서 지낼 줄이야. 모두 지아가 있었기에 가능한 일이었다. 한여름의 수영장 물놀이는 아이와 어른 모두에게 시원함을 주는 선물이었으니, 에펠탑 아래에서 시간 가는 줄 모르고 휴양지에 온 기분을 만끽했다.

    어제 낮까지만 해도 우리는 서부의 자연경관을 보며 더위와 씨름했는데, 하루 사이에 이런 풍류를 즐기게 되다니, 광산에서 금맥이라도 발견한 기분이었다.

카지노 대신
신나는 게임을

    카지노를 포기한 우리는 지아와 함께 즐길 수 있는 또 다른 놀거리를 찾아보기로 했다. 그래서 생각해낸 것이 '서커스 서커스Circus Circus'라는 호텔로 놀러 가는 것. 무료 서커스도 관람하고, 놀이공원에서 흔히 볼 수 있는 몸으로 직접 체험하는 게임이 많아서 지아 수준에는 안성맞춤이었다. 파리스 호텔 맞은편으로는 분수 쇼로 유명한 벨라지오Bellagio Hotel 호텔이 있고, 르네상스 시대의 프레스코화를 모방한 벽화가 호텔 로비의 천장을 가득 메우고 있는 호텔도 있고, 바닥이며 벽면이 번쩍거리는 금박으로 된 근사한 호텔도 있었다. 그런가 하면 트레저 아일랜드Treasure Islan 앞은 해적쇼를 기다리는 관광객들로 장사진을 이루고 있었다.

    까불이 지아는 라스베이거스 길거리에서도 인기였다. 예쁜 동양인 소녀를 처음 봤는지, 나한테 직접 다가와서 "Your daughter is very pretty~"라고 말해주는 백인 아줌마도 있었다. 한국에선 크다고 생각했던 지아가 미국에 와서는 길쭉하고 덩치 큰 서구의 아이들에 눌려 왜소

해 보인다고 생각했는데, 그 아줌마 눈에는 자그마한 동양 소녀가 깜찍하고 귀여웠나보다. 어쨌거나, 국내에서든 해외에서든 자기 자식 칭찬 듣는 데 싫어하는 사람이 어디 있을까. 괜히 으쓱해진 기분으로 걸음을 옮겨나갔다. 우리 예쁜 지아를 앞세우고서.

저녁 무렵에 도착한 '서커스 서커스' 공연장. 시끄러운 카지노 기계들을 지나 2층으로 올라가니 서커스 공연장이 나왔다. 이미 많은 사람들이 자리를 잡고 다음 공연을 기다리고 있었다. 아니나 다를까, 대부분이 아이를 동반한 부모들. 국적을 불문하고 부모란 환락의 도시에 와서까지 아이들의 즐거움을 위해 헌신하는 존재이구나 싶었다.

"지아는 서커스가 좋아! 다음
에 또 볼 거야!"

서커스 관람 후, 서커스 공연이 마음에 들었는지 신나 하는 지아와 함께 아이들을 위한 게임장으로 들어갔다. 공 던지기, 구멍 맞히기, 장난감 승마 게임, 볼링 등 1달러씩 요금을 내고 게임에 참여해 이기면

파리스 호텔 맞은편으로는 분수 쇼로 유명한 벨라지오 호텔이 있고,
그 밖에도 발리스, 시저스 펠리스 등 구경할 만한 곳이 계속 나왔다.

인형을 얻게 되는, 다소 유치하면서도 돈이 쏠쏠하게 나가는 놀이들이었다. 지아는 좋아하는 인형을 손수 찍어주며 꼭 따주기를 바랐고, 행여나 인형을 못 따기라도 하면 얼굴 가득 실망감을 나타냈다.

'지아야, 이게 마음대로 쉽게 되는 건 아니라고!'

'조금만 기다려! 이 엄마가 다 따주겠어!'

카지노로 대박은 못 터트리니 이거라도 해야지 하는 마음에, 어린아이처럼 나도 모르게 게임에 빠져들었다. 이렇게 얻어낸 인형이 4개. 지아는 커다란 인형들을 줄줄이 안고 신나 했다. 1달러, 2달러 계속 쓰다 보니 어느덧 20달러가 넘었지만, 게임도 즐기고 지아에게 선물도 하니 일석이조였다.

밤 10시를 훌쩍 넘겨 숙소로 돌아오는 길에 지아는 유모차에서 잠이 들었다. 행여나 떨어트릴까, 작은 손으로 4개의 인형을 꼭 쥐고서.

서커스 관람 후, 지아와 함께 아이들을 위한 게임장으로 들어갔다.

연기 나는 보닛,
천국과 지옥을 오가다

다시 새로운 도시를 향해 출발!

지아는 엄마가 게임에서 따낸 인형들을 두 팔 가득 안고서, 혼자 주거니 받거니 재잘거렸다. 라스베이거스에서 샌프란시스코까지는 9시간이나 달려야 하는 거리. 오늘 안에 도착하지 못한다면 중간에 하룻밤을 묵어가야 될지도 몰랐다. 그런데 1~2시간을 달렸을까? 주유소에 들러 기름을 넣고 있는데, 옆에 있던 백인이, "당신들 차에서 뭔가 새는데?"라고 말해주는 것이 아닌가.

이런, 차 아래를 보니 밑에서 뭔가 흘러나오고 있었다. 기름인지 물인

지 분간이 안 됐지만, 불안한 신호임에는 틀림없었다. 그러나 우리나라와는 달리 주유소 옆에 정비소가 없는 미국에서는 도움을 요청할 만한 곳을 찾기 어려웠다. 잠시도 쉬지 않고 틀었던 에어컨이 문제인가 싶어, 일단은 에어컨을 끄고 달려보기로 했다.

얼마쯤 더 갔을까. '띵띵' 하는 소리와 함께 빨간 비상등이 켜지고, 'Over Heat' 라는 표시가 들어왔다. 너무 오래 달려서 차가 열을 받은 걸까?

뒷좌석을 보니 지아는 어느새 낮잠에 빠져 조용히 잠들어 있었고, 나와 Dew는 차가 멈추지 않기만을 바라며 조심조심 달렸다. 비상시임을 알리는 종소리는 그치지 않고 계속되었다. 우리는 이제 어떻게 해야 하

나. 샌프란시스코까지 못 간다면 이대로 다시 LA로 돌아가야 하는 걸까?

초조하고 답답한 마음에 자동차에 대한 원망이 밀려들었다. 에어컨이 꺼진 차 속은 금방 찜통으로 변했고 이마에선 땀이 줄줄 흘렀지만, 미처 닦아낼 생각도 들지 않았다. 끝도 없이 펼쳐진 황량한 사막 길은 우리를 절망에 빠트렸다. 결국 어찌할 바를 몰라 차를 잠시 세우고 열기를 식혀보기로 했다. 고속도로를 벗어나 잡초가 무성한 자갈길에 차를 세웠다. 문이란 문은 다 열고 보닛도 열어 올렸다. 엔진은 뜨겁게 달아올라 난로처럼 후끈거렸다. 뜨거운 태양은 우리 머리 위에서 강한 열기를 내뿜고 있었고, 선크림을 바르지 않은 나는 쏟아지는 자외선을 온몸으로 받고 서서, 이 사태를 어찌해야 좋을지 망연자실해 있었다. 뜨거운 태양 아래 차를 세운 건 차를 식힌다기보다는 더 열 받게 하는 일 같았지만, 눈을 씻고 찾아봐도 그늘은 없었다. 눈부신 햇살이 쨍쨍 내리쬐는 가운데, 우리의 머릿속은 한없이 암담했다.

Dew : 아이스박스에 있는 얼음들 가져와봐.

Dew는 얼음을 비닐과 수건에 싸서 엔진 위에 올려놓았다. 고열에 시달리는 환자를 돌보듯 정성스럽게 얼음찜질을 해주었지만, 열은 쉽게 내리지 않았다. 아침까지 잘 달리던 차가 오버 히트가 웬 말인지……. 한숨만 연거푸 쉬고 있는데, 집채만 한 은색 트럭이 우리를 보고 차를 세우는 것이 아닌가.

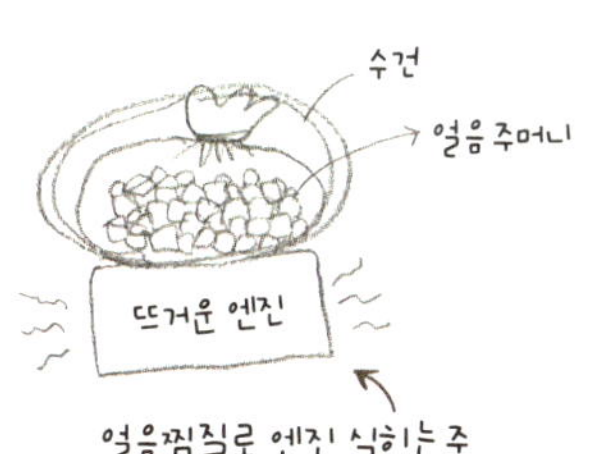

태양볕 아래에 차를 세워둔 우리가 불쌍해 보인 걸까. 말총머리를 한 멕시코계 아저씨가 차에서 내리더니, "What's up?"이라고 물으며 우리에게로 다가왔다.

차가 씽씽 달리는 광활한 고속도로에서 도움을 받게 될 줄이야. 우리는 비상등이 켜지고 오버 히트가 되어서 차를 식히는 중이라고 못하는 영어로 주절주절 설명을 했다. 장거리 트럭 운전사라서 그런지 바로 사

태를 파악한 아저씨는, "엔진을 식히는 냉각수가 부족해서 그런 거야." 라고 말하며, 임시로 물이라도 넣어야 한다며 자신의 트럭에서 물이 담긴 페트병 두 개를 가져왔다.

냉각수 넣는 곳은 라디에이터로, 차의 보닛을 열면 가장 앞쪽에 보이는 네모난 상자를 가리킨다. 그 위에 있는 동그란 뚜껑을 열고 물원래는 냉각수을 채워 넣으면 되었다. 작은 차이지만 냉각수 통은 상당히 큰지, 물은 계속 벌컥벌컥 들어갔다. 우리가 가지고 있는 아이스박스에 고인 물까지 다 쏟아 붓고 나서야 오버 히트 비상등이 꺼지고, 엔진은 안정을 되찾았다. 극심한 갈증에 시달리는 차의 마음도 몰라주고 고물차라고 구박만 했는데, 여행자는 오늘도 경험을 통해서 한 가지를 배웠다.

이 친절한 아저씨는 휴게소까지 뒤따라가 줄 테니 그곳에서 다시 만나자고 했다. 과잉 친절에 무한 감동. 우리는 무조건 "Thank you very

much.”를 연발하며 차에 올랐다. 지아는 엄마 아빠가 이렇게 마음고생을 하고 있는 줄도 모르고, 여전히 단잠에 빠져 있었다. 온몸에 흥건히 땀을 뒤집어 쓴 지아를 보니 아이에게 괜한 고생을 시키는 것 같아 미안한 마음이 들었다. 또 한편으로는 이런 와중에도 투정부리지 않고 조용히 잠들어 있으니 얼마나 고마운지.

아저씨의 트럭은 마치 경호하듯이 우리 뒤를 따라와 주었다. 휴게소에 도착하자마자 그늘에 차를 세우고, Dew와 아저씨는 물을 더 담아 와서 다시 라디에이터에 채워 넣고 짧은 대화를 나누었다.

어느새 우리 차 주변으로 할아버지 할머니가 다가오셔서는, 한마디씩 거들었다.

“어유, 어린애도 있는데 큰일 날 뻔했네. 천만다행이야!”

조금 전까지만 해도 지옥에 떨어진 기분이었는데 친절한 분들 덕분에 다시 웃을 수 있게 되어 너무나 기뻤다. 낮잠에서 깬 지아가 잘 잤다는 표정으로 나를 올려다보자, 조금 전 난처했던 상황이 떠올라 지아를 와락 껴안았다.

“Good luck to you!”

작별인사를 나누고 아저씨와 헤어진 우리는 근처에 있는 마을에서 하루 쉬기로 했다. 계획대로라면 샌프란시스코로 올라가야 했지만, 차도 쉬게 해주고, 우리의 놀란 가슴 역시 휴식이 필요했기 때문이다. 무리해서 다음 일정을 망치기는 싫었다.

PHOTO ALBUM

헤헤... 일광욕 중이랍니다~
발그레한 볼...

지아야~
저 안에다 던져!

알았어~ 아빠~
더 세게 휘~익!

이 인형들~
다 엄마가 게임 이겨서
따준 선물이에요~

라스베이거스의 밤...
달구경하며
호텔로 돌아오는 길~

멋진 에펠탑이 포인트인
Paris Hotel~!!
제 친구들과 인사하실래요?
호텔 아케이드에서 만난 꼬마 조각상과 함께
히히~
재밌어라!!

파리스 호텔
Premium Guest room
(two queen sized beds)

프랑스의 정취가 느껴지는
Le Village Buffet 레스 토랑...
동화 속 마을에 들어온 기분이에요~

우연히 머물게 된 Courtyard by Merriot.
생각보다 저렴한 가격으로
최고의 휴식을 취할 수 있었다.

Travel 2.
샌프란시스코

내가 처음으로 샌프란시스코에 온 건 2001년 크리스마스이브,
대학 졸업을 앞두고 진로에 대한 고민에 빠져 있을 때였다. 내게는 미지의 세계
와도 같았던 사회에 홀로 부딪쳐야 된다는 생각에, 두렵고 조심스러웠던
신인 일러스트레이터 시절. 유학 중이던 친오빠에게 가서 잠시 머리를 식힐 겸,
혼자 비행기에 올랐다. 관광 비자로 입국 심사 받으면서 3개월 체류를 허가하는
도장을 받고, 나의 샌프란시스코 생활이 시작됐다. 샌프란시스코에서 보낸
그 3개월은 영원히 잊을 수 없는 소중한 추억이 되었다.

추억의 도시를
뜨거운 심장으로 걷다

　　대학 졸업을 앞두고 진로에 대한 고민을 안고 찾았던 샌프란시스코. 3개월간 머물면서 짧지만 어학연수도 하고Dew는 그것도 어학연수냐고 놀려대지만, 많은 공연과 영화를 보고, 다운타운의 공짜 갤러리도 마음껏 구경했다.

　　URBAN OUTFITTERS, ANTHROPOLOGIE, GAP, BANANA REPUBLIC, DKNY 등 마켓을 중심으로 거닐었고 빈티지 옷가게에 매료되어 수시로 다운타운에서 윈도쇼핑을 즐겼다. 또 자유롭게 책을 볼 수 있었던 보더스Border's 서점에서 패션 잡지나 특이한 화보들을 섭렵하며 마음에 드는 책을 구입하기도 했다. 샌프란시스코 특유의 자유로움이 느껴지는 거리를 가방 하나, 디지털카메라 하나 둘러메고 다니며, 거리 구석구석에 내 발자국을 남겼다. 덕지덕지 붙여진 컬러풀한 포스터나 광고판, 백화점 매장에 걸려 있는 화려한 일러스트, 독창적인 디스플레이, 그리고 도시의 석양으로 만들어진 빌딩의 그림자까지. 이곳저곳을 걸어 다니며 시야를 사로잡는 도시의 풍경을 카메라에 담아냈다. 나에게는 그

모든 것들이 일러스트 소스로 다가왔고, 보이는 대로 스크랩하고 오감으로 느꼈다. 아파트에 돌아온 나는 매일 밤 밖에서 받은 자극을 그림으로 남겼다. 열심히 그려 나만의 스타일을 구축하기 위해 다양한 시도를 서슴지 않았고, 포트폴리오를 만들어나갔다. 지금 그 포트폴리오를 보면 어설픈 일러스트들이 대부분이지만, 때묻지 않은 초보의 열정이 가득한 손맛이 느껴진다고나 할까. 첫 샌프란시스코에서의 3개월은 내가 일러스트레이터로 자랄 수 있도록 도와준 소중한 시간이었다.

이때로부터 3년 후인 2003년, 나는 스물아홉의 나이에 Dew와 결혼했다. 그리고 Dew가 대학 졸업을 앞둔 4학년 때 지아가 태어났다. 지금 생각해보면 뭐가 그리 급했는지……. 졸업 후에 무엇을 하고 살지 고민하는 Dew와 아직 준비가 안 된 철부지 예비엄마였던 Viu는 임신 7개월의 몸으로 무작정 미국 샌프란시스코로 떠났다. 이때 역시 머리를 식히러 간다는 명목으로 떠난 여행이었다. 몸이 무거워서 예전만큼 부지런히 돌아다니지는 못했지만, 샌프란시스코의 정취를 느끼며 낯익은 거리를 걷고, 맛있는 음식을 먹고, 곧 태어날 아기를 위한 간단한 쇼핑을 하기도 했다. 엄마가 된다는 사실에 두렵고 조금은 우울했던 나의 임신 기간에 많은 힘이 되었던 시간이었다. 여

행에서 돌아온 두 달 뒤에 예쁜 지아 공주가 태어났다.

　지아가 태어난 지 어느덧 4년. 다소 충동적으로 떠나온 미국 가족여행에서 '샌프란시스코'라는 여행지는 세 번째 방문인 만큼 큰 의미가 있었다. 내가 싱글이던 시절 온전히 나만을 위한 자유로운 일상을 보낸 곳이기도 하고, 지아가 배 속에 있을 때 Dew와 함께 거닐던 추억이 서린 곳이기도 하다. 나는 이곳을 우리 꼬맹이 지아랑 꼭 함께 걸어보고 싶었다. 많은 추억이 숨 쉬고 있는 샌프란시스코를 지아에게 꼭 보여주리라는 다짐이 현실로 다가오자 심장이 뜨거워졌다.

　샌프란시스코가 이번에는 또 어떤 추억을 나와 내 가족에게 남겨줄까…….

샌프란시스코는 싱글 시절의 내가 온전히 나만을 위한 자유로운 일상을 보낸 곳이기도 하고,
지아가 배 속에 있을 때 Dew와 함께 거닐던 추억이 서린 곳이기도 하다.

오래된 미국식 주택 같은
호텔 유니온 스퀘어

샌프란시스코에 대한 지난 추억 때문에라도 우리는 샌프란시스코에서 더욱 멋진 날들을 보내고 싶었다. 몇 년 만의 방문임에도 샌프란시스코의 구석구석은 낯설지 않았다. 어느 식당이 싸고 맛있는지, 어디를 가면 볼거리가 많은지, 대중교통을 어떻게 이용해야 원하는 장소로 빨리 갈 수 있는지 등. 아마도 젊은 혈기에 항상 다른 길을 걷고 싶어서 돌아서 가더라도 매번 가보지 않은 새로운 길을 찾아다녔던 덕인 듯했다.

여행을 떠나기 전 한국에서 구글 어스Google earth의 스트리트 뷰로 기억을 더듬어가며 어디에 묵어야 식당, 옷가게, 관광지 등지를 편리하게 다닐 수 있는지 계산했다. 그리고 최적의 숙소를 선택한 뒤, 인터넷을 샅샅이 뒤져 할인된 가격으로 저렴하게 방을 예약했다. 그곳은 케이블카가 시작되는 파웰 스트리트가 한눈에 내려다보이는 작은 호텔, 유니언 스퀘어Hotel Union Square. 과거 혼자서 수없이 지나다녔던 마켓 스트리트와 파웰 스트리스가 있는, 볼것도 많고 쉴 곳도 많아 돌아다니다 보면 시간 가는 줄 모르는 다운타운의 중심에 있는 호텔이었다. 당시 우리는 대도시인 샌프란시스코에서, 그것도 가장 중심에 있는 호텔의 방값이 120달러 정도면 아주 괜찮은 편이라며 호들갑을 떨었었다. 차가 없어도 어디든 갈 수 있는 다운타운에서는 주차 문제 때문에라도 걸어 다니는 편이 관광에 용이했다.

우리는 거리 관광을 빨리 하고픈 마음에 숙소가 있는 파웰 스트리트로 발걸음을 재촉했다. 반가운 간판들, 관광객과 현지인들로 붐비는 거리, 아주 깨끗하진 않지만 운치 있는 길과 다운타운의 익숙한 공기……. 내가 줄기차게 찾아갔던 옷가게와 멀티숍 매장들도 하나 둘 보였다. 아, 이 느낌이야! 그리운 고향으로 귀향한 심정으로 거리를 지났다. 서둘러 호텔 유니온 스퀘어 앞에 도착, 우리는 차를 세웠다.

"Hello."

벨보이가 우리를 맞이하며 인사를 건넸다.

"Hello."

그런데 영어로 익숙하게 인사를 건넨 벨보이가 우리를 자세히 보더니, 갑자기 한국말로 "한국 분이세요?"라고 말하는 것이 아닌가? 분명히 이국적인 외모의 동양계 남자였는데 자세히 보니 눈빛이 친숙하게 느껴지기도 했다. 처음엔 관광객을 상대하느라 한국말을 조금 배운 정도인 줄 알았는데 알고 보니 아버지는 미국인, 어머니가 한국인이란다. 발음이 아주 완벽하진 않았지만, 우리말을 대부분 알아듣는 것 같았다.

'오호, 영어 울렁증에 시달리는 우리에게 이런 행운까지 생기다니…….'

작은 규모의 호텔이었지만 아담한 로비며 깨끗하고 앤티크한 인테리

대부분의 호텔에서 사용하는 카드 키를 상상했던
우리는 작은 금속 열쇠가 마치 행운의 네잎 클로버처럼 느껴졌다.

어가 마음에 쏙 들었다. 우리는 벨보이와 편하게 한국말로 대화하며 체크인을 하고 키도 건네받았다. 흔히 쓰는 카드 키가 아닌 돌려서 여는 아날로그 식의 열쇠였다.

'아휴, 귀엽기도 하지. 요즘에 이런 걸 보기가 쉽지 않은데…….'

대부분의 호텔에서 사용하는 카드 키를 상상했던 우리는 작은 금속 열쇠가 마치 행운의 네잎 클로버처럼 느껴졌다. 디지털 세상에서 만나는 아날로그 소품이라니. 점차 콤팩트하고 심플하게 변화되어가는 디자인에 아쉬움이 컸던 차여서, 과거의 낭만을 고스란히 간직하고 있는 소품을 만난다는 건 여간 반가운 일이 아니었다. 우리는 우리만의 공간으로 가기 위해 엘리베이터를 탔다. 5층 버튼을 누르자 철커덩 소리를 내며 엘리베이터가 움직였다. 조바심 속에서 엘리베이터의 전광판 숫자를 바라보았다. 1, 2, 3, 4…… 그리고 5. 다시 철커덩 소리를 내는 엘리베이터. 서서히 엘리베이터 문이 열렸고, 우리는 숨을 죽이며 서서히 펼쳐지는 공간을 바라보았다. 빨간 카펫이 깔린 바닥 위로 놓여 있는 오래된 소파와 테이블, 아기자기한 소품이 장식되어 있는 복도, 그리고 벽을 감각적으로 장식하는 서로 다른 방문의 색과 포근한 노란 불빛……. 우리 눈에 보이는 공간은 오래된 미국식 주택에 들어온 듯 따뜻한 분위기를 자아내고 있었다.

커다란 번호판이 붙여진 방문을 열자 현대적인 호텔방이 주는 고급스러움보다 정성스러운 손길이 느껴지는 아늑한 공간이 드러났다. 한쪽 벽은 벽돌로 되어 있고, 큰 창문에는 노란색 커튼이 쳐져 있었는데, 커튼을 살짝 들어 창밖을 보니 파월 스트리트가 한눈에 내려다보였다. 길을 오

가는 수많은 사람의 웅성거림이며 차 소리가 생동감 있게 들려오는 게,
우리가 상상했던 모습 그 이상이었다.

"엄마, 여기 거울도 되게 크다!"

지아는 어느새 침대 위로 올라가 전면이 거울로 된 벽을 마주 보며 방
방 뛰기 시작했고, 나는 화장실 구경까지 마치고서야 짐을 내려놓았다.
장소에 걸맞은 아주 완벽한 방이구나!

방 안은 고급스럽고 세련되었다기보다는, 꼼꼼하게 관리된 고풍스러
운 임대아파트를 연상시키는 곳이었다. 어느 곳이나 있을 법한 모던한
스타일의 호텔방보다, 세월의 흔적과 그 도시만의 색깔로 채색된 이 호
텔방이 더욱더 근사하고 낭만적으로 느껴졌다. 호텔 창밖에서 '땡땡!'
울리는 케이블카의 종소리를 들으며 우리는 유니언 스퀘어의 입실을 자
축했다.

지아는 어느새 침대 위로 올라가 전면이 거울로 된 벽을 마주 보며 방방 뛰기 시작했고,
나는 화장실 구경까지 마치고서야 짐을 내려놓았다.

소심한 부부,
드디어 부부싸움

　여행하는 한 달 내내 행복하고 즐겁기만 해서, 모든 것이 다 핑크빛으로 물들었던 것은 아니다. A형인 우리 부부는 사소한 것에 잘 삐치고 상처도 잘 받는 타입이라 여행 중에도 서로에게 민감한 반응을 보이곤 했다. 그래서 여행을 떠나기 전, 서로 싸우지 말자고 미리 다짐을 했었다. 하지만 그 약속은 긴 여행에서 깨지고 말았다.

　샌프란시스코에서 결국 몇 번의 싸움이 발생했던 것. 그동안 잘 참아오던 Dew와 나는 사소한 실수에도 금방 화를 냈다. 앞서의 서부 여행은 체력 소모가 심해서 여행 자체는 힘들었지만, 힘든 상황에서는 서로를 의지하게 되는 탓인지 싸우는 일은 없었다. 그러나 대도시에 들어선 지금은 서로의 욕심이 슬금슬금 되살아나서 그런지 여러 가지 이유로 티격태격 다투었다. Dew는 샤워 중인 자신의 안경다리를 지아가 망가트린 일을 내 책임으로 돌렸고, 전날 샀던 옷을 실수로 호텔방에 두고 오는 바람에 가던 길을 1시간 정도 되돌아오며 서로를 탓하고 싸웠다. 또 서로

그 후... 기분을 풀고(?) 바깥나들 이를 나갔지만 어색한 우리부부의 표정은 사진에 고스란히 나타났다.

이것저것 사고 싶은데 못 사게 한다고 싸우고, 심지어 나는 지도를 제대로 보지 못했다는 이유로 구박을 받기도 했다. 싸움의 여파는 컸다. 싸우고 난 뒤에는 사진 찍는 횟수도 급격히 줄었고, 새로운 것을 보고 함께 사진을 찍더라도 사진 속 우리 부부의 표정은 늘 어두웠다. 힘껏 놀아도 아쉬울 판에 씁쓸한 기분이 들다 보니 제대로 즐길 수도 없었다. 더욱이 우리 사이에서 눈치를 보는 지아에게 어찌나 미안하던지, 미안한 마음에 아이스크림이라도 하나 더 사주다 보니 필요 없는 지출이 발생하기도 했다. 금방 화해하긴 했지만 그때까지 제대로 보지 못하고, 즐기지도 못하고, 사진도 제대로 찍지 못한 곳을 다시 되돌아갈 수는 없는 일. 왜 사소한 문제를 심각한 일로 만들었는지, 지나고 나니 얼마나 후회되는지 모른다.

여행 중에는 1분 1초가 소중하다. 여행을 떠나는 이들에게 부탁하고 싶다.

'절대 싸우지 마세요! 나중에 가장 후회스러운 기억으로 남을 테니까요.'

아름다운 마켓, 페리 빌딩 마켓 플레이스

새로운 곳에서 눈과 마음으로 느끼는 신선한 자극은 유쾌한 기운을 부추겨준다. 세계에서 가장 사랑받는 도시 중 하나인 샌프란시스코에서 맞는 쾌적한 날씨. 우리는 축복 받은 날씨 속에서 샌프란시스코를 거닐었다. 코즈모폴리턴 캐릭터, 독특한 지형과 세계적인 명성의 요리 등 우리를 유혹하는 것들은 무궁무진했다. 관광객이 아니라 휴일을 맞은 현지인처럼, 예전에 걸었던 거리를 가보고, 좋아했던 가게를 방문하고, 벤치에 앉아 지나다니는 사람을 구경하면서 비둘기에게 과자 부스러기를 선물하기도 했다.

호텔에서 마켓 스트리트를 지나 피어1Pier 1까지는 약 40분. 쭉 뻗은 마켓 스트리트를 걷다 보면 예쁜 가게와 다양한 모습의 사람들을 만날 수 있어, 걷는 재미가 제법 쏠쏠하다. 한 손에 스타벅스의 모카 프라푸치노가 들려 있다면 금상첨화! 더욱이 운이 좋은 날에는 독창적인 표현 방식으로 군중들의 시선을 사로잡는 다양한 예술가들도 만날 수 있다.

인적이 드문 일요일 낮 시간, 우리는 유모차를 끌고 피어 1로 향했다. 바다도 보고, 빙글빙글 돌아가는 의자에 앉아 샌프란시스코 전경도 감상하고, 귀여운 미국 꼬마를 만나면 지아를 시켜 억지로 인사를 나누게도 하면서 즐거운 시간을 보냈다. 그렇게 한참을 놀던 우리는 화장실이 급하다는 지아 덕분에 우연히 옛날 기차역처럼 생긴 건물에 들어가게 되었다.

이 건물은 뭘까? 예전에도 이런 건물이 있었나? 기억을 더듬어봐도 Dew나 나나 이곳은 처음이었다. 문을 열고 들어가니 멋진 상점들로 이루어진 별천지가 펼쳐져 있는 것이 아닌가. 돔 모양의 천장 유리 사이로 자연광이 들어오는, 사람들의 웃음소리와 은은한 향기로 가득 찬 곳이었다.

‘페리 빌딩 마켓 플레이스Ferry Building Market Place.’

그곳은 유기농 상품과 꽃 등 여러 가지 신선한 재료로 만든 상품들이 가득한 아름다운 마켓이었다. 식료품 가게, 빵집, 인테리어 소품점, 정육점, 과일과 채소 가게 등이 있는 이곳은 간판부터 디스플레이까지 각 상점의 특성과 콘셉트에 맞게끔 완벽한 조화를 이루고 있었다. 한눈에 봐도 전문적인 감각이 일러스트레이터인 나의 발걸음을 잡아끌었다.

작은 것 하나도 놓치지 않고 정성을 들인 안내판, 매장 앞 칠판 위에 정성스럽게 쓴 손글씨까지, 아기자기하고 예쁘게 장식해놓은 소품들을 보면서 많은 자극을 받았다. 우리의 재래시장도 이렇다면 얼마나 좋을까. 식료품이나 상품의 질은 우리나라의 재래시장이 더 훌륭하다는 걸 알고 있지만, 각 가게에 어울리는 독창적인 아이디어로 진열된 상품들에

가게를 꾸밀 때도 자기 집을 꾸미듯이 정성과 시간을 투자한다면 얼마나 좋을까.

시선과 손길이 가는 건 어쩔 수 없다. 우리나라도 최근에 와서는 재래시장 활성화를 위해 가게의 간판이나 시장의 모습들을 현대화하기 시작했다. 그러나 아직까지 획일화 단계에 머물러 있어, 시장마다 고유의 특색을 갖는 일은 아직 요원해 보인다.

가게를 꾸밀 때도 자기 집을 꾸미듯이 정성과 시간을 투자한다면 얼마나 좋을까. 그런 마음으로 가게를 꾸민다면 커다란 플라스틱 바구니에 이런저런 채소를 담아놓거나 골판지에 무성의한 글씨로 이름과 원산지를 표시해놓는 일은 볼 수 없을 텐데 말이다.

　아이를 가진 한국 부모들의 공통적인 고민거리는, 아이들의 옷이 비싸다는 것. 눈만 높은 나로서도 백화점 옷은 얼씬도 못할 정도로 우리나라 아이들 옷값에는 거품이 많다. 아동복으로 유명한 남대문이나 인터넷에서 아주 가끔 구입한 옷이나 선물 받은 옷들로 4년 가까이를 버텨왔다. 간혹 지아에게 어울릴 만한 예쁜 옷을 발견하더라도 비싼 옷값 때문에 꾹꾹 참곤 했다. 그러던 차였기에, 샌프란시스코에 가면 지아가 입을 옷들을 마음껏 사주리라 굳은 각오를 하고 있었다. 여행을 준비할 때부터 지아 옷은 아주 조금만 챙겨, 새로 산 옷을 채워 넣기 위한 여유 공간을 확보해놓았었다. 뭐가 얼마나 더 싸기에 내가 이렇게 난리를 치는 거냐고?

　우선, 할인 행사가 많다.

　물론 한국도 할인 행사가 많기는 하지만, 워낙 고가의 옷들이고 한정된 상품들에 한해서 이루어지는 것인 데 반해, 미국은 시즌이 끝날 무렵

이면 거의 모든 이월 상품을 적게는 40~50%, 많게는 80%까지 왕창 세
일을 한다. 그래서 시즌에 샀던 옷들을 다시 세일 기간에 교환하여 차액
을 돌려받는 일도 자주 있다.

두 번째, 대형 옷가게가 많다.

GAP, OLD NAVY, GYMBOREE 등 한국에서 고급 브랜드로 취급하
는 옷들이 이곳에는 저렴한 브랜드로 인식되고 있다. 아니, 더 정확하게
말하자면 똑같은 품질과 브랜드의 옷이 우리나라에서는 유독 높은 금액
으로 판매되고 있는 것인데, 우리가 고가의 브랜드로 인지하고 있는 브
랜드들은 사실상 일반인들이 손쉽게 구입할 수 있는 대중적인 중저가 브
랜드이다. 게다가 매장의 크기와 상품의 종류도 우리나라의 인터넷 마켓
이나 백화점 매장과는 비교가 안 될 정도로 어마어마하게 크고 다양하
다. 그만큼 다양한 상품 중에서 싸고 괜찮은 물건을 만날 수 있는 기회도
많아지는 것이다.

마지막으로 별의별 판촉 행사가 존재한다
는 것. 대표적으로 '1+1', '무조건 3벌에 얼
마' 같은, 동일한 디자인의 옷들을 이런 방
식으로 판매하는데, 한 디자인에 마음에 드
는 색이 여러 가지일 때 이런 행사를 이용
하면 같은 디자인이지만 컬러가 다른 옷들
을 싼값에 구입할 수 있다.

우리는 지아를 데리고 다니며 한국에서 해
주지 못했던 옷 선물을 실컷 해주었다. 250달러

로 지아가 앞으로 2년은 거뜬히 넘길 수 있는 옷들과 조카들의 옷들을 모두 샀으니 이곳을 쇼핑의 천국이라 부른다고 해도 과언이 아니리라.

우리나라도 더 이상 브랜드 상품이라는 이유만으로 가격을 턱없이 올리거나, 어느 옷가게든지 유행에 따라 시즌 내내 비슷한 옷들만 판매하는 그런 풍경이 벌어지지 않았으면 좋겠다. 판매자의 욕심으로 인해 소비자의 자유로운 선택권과 합리적인 가격을 지불할 권리를 박탈당하는 일은 더 이상 없어야 할 것이다.

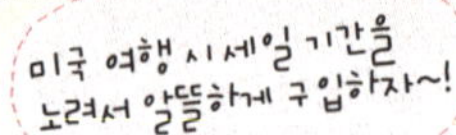

한국 엄마들에게 인기가 많은 아이들 옷가게

Baby GAP www.gap.com

아기 엄마들이라면 열광할 만큼 깜찍하고 예쁜 옷들이 너무 많은 곳. 가격도 그다지 비싸지 않고, 세일 기간을 이용하면 더욱 저렴하게 구입할 수 있다.

GYMBOREE www.gymboree.com

가격대는 Baby GAP과 비슷하거나 조금 비싸지만, 이곳 역시 세일 기간을 이용하면 좋은 옷을 싸게 살 수 있다. 색감이 예쁘고, 면의 질이 좋다.

JANIE AND JACK
www.janieandjack.com

깔끔한 인테리어 매장이 동화 속 한 장면을 연상시킨다. 특히 여아 옷들이 너무 귀엽고 예쁘다. 독특한 디자인, 고급스러운 소재, 디테일이 살아 있는 옷들이 많다.

OSHKOSH B'gosh
www.oshkoshbgosh.com

디자인이 좋고 바느질이 꼼꼼해서 엄마들에게 인기가 많다. 작은 액세서리 하나까지 각별한 정성이 돋보인다.

OLD NAVY KIDS www.oldnavy.com

부담 없이 사 입을 수 있는 대중적인 가격대가 장점. 상품 질은 조금 떨어지지만 깜찍하고 심플한 디자인이 많아 편하게 입히기엔 좋다.

CARTER'S www.carters.com

편하게 입을 수 있는 옷들이 많다. 세트로 나온 유아 옷이 특히 저렴하고 질도 좋은 편.

POTTERY BARN KIDS
www.potterybarnkids.com

인테리어 소품부터 가구, 아기 옷과 큰 아이들 옷까지 판매한다. 색감과 원단이 좋고, 세밀한 곳까지 신경 쓴 디자인은 고급스럽다. 보통 때는 사기 부담스러운 가격이니 할인 기간을 이용하면 좋다.

사라진 아빠의 추억 속 바다사자

우리가 샌프란시스코에 온 걸 반기는 걸까. 파웰 스트리트에 나오니 스콧 맥킨지의 '샌프란시스코'가 울려 퍼지고 있었다. 우리는 샌프란시스코의 케이블카를 타고 대표적인 관광지인 피셔먼스 와프Fisherman's Wharf에 가보기로 했다. 4년 전 지아가 배 속에 있을 때 이곳에서 맛있게 먹었던 사워도Sourdough 빵 수프사워도 빵을 파내어 그 안에 크램차우더(조개수프)를 듬뿍 넣은 음식도 다시 한 번 맛보고, 피어 39Pier 39에 가서 지아에게 바다사자들의 시끄러운 울음소리를 들려줄 생각이었다.

바닷바람이 불어오는 이곳 특유의 시원한 날씨는 초가을을 연상시킬 정도로 선선했다. 쇼핑몰과 갤러리, 선물 가게, 레스토랑이 들어서 있는 피셔먼스 와프는 수많은 관광객들로 붐비고 있었다. 바로 옆에는 알카트라즈 섬 관광을 위한 베이크루즈 유람선이 정박해 있어서 여러모로 사람들의 발걸음이 잦은 곳이기도 하다. 하얀 연기가 모락모락 피어오르는 커다란 찜게를 파는 노점들을 지나가다 보니 슬슬 배가 고파지기 시작했다. 거리에서 파는 클램차우더도

맛있어 보였지만, 가난했던 어학연수 시절의 기억이 떠올랐던지 전망 좋은 레스토랑에서 제대로 된 식사를 해보자고 Dew가 제안했다. 우리는 2층으로 된 레스토랑으로 들어갔다. 큰 창으로 피어 39의 풍경을 내려다보며, 클램차우더 게살 샌드위치, 그릴에 구운 생선을 주문했다. 평소에도 수프를 즐겨 먹는 지아는 클램차우더의 부드럽고 짭조름한 조개 맛을 음미하며 냠냠 잘도 먹었다. 양은 밖에서 파는 것보다 조금 적었지만, 푹신한 소파에 앉아 편안한 마음으로 식사를 마칠 수 있었다.

흡족하게 배를 채운 우리는 거리에 울려 퍼지는 음악 소리를 들으며 피어 39 거리를 다시 걸었다. 그런데 아무리 걸어도 바다사자의 모습은 보이지 않았다. 지아에게 보여주려고 벼르고 온 곳인데……. 그 많던 바다사자 떼들은 다 어디로 간 걸까? 겨울의 추운 날씨에도 불구하고 수백 마리가 무리를 지어 '꿰이꿰이' 소리를 내던 이곳의 명물. 우리가 반대 쪽에서 헤매고 있었던 건지 지금까지도 확실치 않지만, 결국 바다사자 동상에 지아를 앉히고 사진을 찍는 해프닝을 벌였다. 지아는, '엄마 아빠가 말하는 바다사자가 이거였어?' 라는 표정으로 시큰둥하게 포즈를 취해주었다. 철부지들처럼 뒤엉켜 서로 밀치고 장난치다가 물에 떨어지기도 하는 바다사자를 지아와 함께 보고 싶었는데…… 아쉬웠다.

PHOTO ALBUM
히히~
아빠, 우리도
이거 타자!
엄마는 쇼핑해요.
난 책 보고 있을게~
지아야~ 일단
사진 먼저 찍고!
Baby GAP에서...
Market St.

우리가 머물렀던
Hotel Union Square

호텔 바로 아래는 Viu와 Dew가 좋아하는
태국 레스토랑 Bangkok.

음~ 뭘 먹을까?

Bangkok의 치킨볶음밥!
먹어도 먹어도 너무 맛있어라~

우와!
크기도 엄청 크다!

큐빅으로 연결된 조형물
앞에서...

와~ 철사로 만든
사람이다!

뭐~ 저런 조형물이
대단하다고~

너무나 유명한 Union Square!

백화점 쇼윈도에서 만난 '루벤돌레도' 일러스트!

온갖 모양의 냄비들을
모아서 드럼처럼
연주하는 아저씨~

컬러풀한 분필로 가득
그림을 그려 놓은 사인 칠판~

우리나라 과일가게나 채소가게도
조금만 디스플레이에
신경 쓰면 좋을 텐데...

알록달록 싱싱한 채소들~
보기만 해도 사고 싶은걸!

와~ 신기하다~
동전이 납작해지네...
쩝쩝~
바람 부는 항구에서~
벽화 멋지죠?

Travel 3.
뉴욕

New york

다음 목적지를 향해 다시 먼 길을 운전하는 Dew,

카시트에 얌전히 앉아 잠에 취해 있는 잠꾸러기 지아,

얼마 남지 않은 여행 일정을 헤아리며 서운한 마음을 달래는 Viu.

우리는 여행의 종착지인 뉴욕 맨해튼을 향해 출발했다.

유모차를 끌고
맨해튼 한복판에 서다

여행의 종착지인 뉴욕 맨해튼을 향해 출발했다. 처음 여행을 계획할 때만 해도 한 달이라는 긴 시간을 어떻게 보낼지 걱정이 많았다. 그로부터 한 달이 지나 여행의 끝자락에 서니, 보람과 아쉬움이 동시에 느껴졌다. 새로운 곳을 찾고 그곳을 알아가기에는 한 달도 짧았던 것이 아닐까. 짧은 기간에 너무 많은 여행지를 몰아넣은 건 아닐까. 이럴 줄 알았으면 더 긴 휴가를 내고 올걸…….

그러나 후회도 아쉬움도 뒤로 돌리기에는 이미 늦었다. 남은 여행지인 뉴욕에서 여한을 풀리라 다짐하며 차창 밖 파란 하늘을 바라보았다.

나의 꿈이 머물던 곳, New York.

한때 대학을 졸업하면 성공을 위해 뉴욕으로 떠나리라 마음먹었던 시절이 있었다. 모든 예술가들의 꿈의 도시 뉴욕. 나 또한 관심과 선망의

도시였던 뉴욕 맨해튼에서 멋진 아티스트이자 커리어 우먼으로 살고픈
열망이 있었다. 뉴욕으로 유학 떠난 선배들의 소식과 이야기는 나의 마
음에 불을 지피기에 충분했고, 그들이 누리고 있는 모든 환경이 부러웠
다. 한적한 공원에 앉아 행복한 미소를 짓던 그들의 얼굴은, 뉴욕을 예술
가들의 파라다이스로 믿게 만들었다. 현실적인 판단보다는 달콤한 판타
지에서 삶은 희망을 얻지 않던가. 희망을 좇던 20대 초의 나는 뉴욕을 꿈
꾸었고 그 도시에 가면 인생에서의 모든 성공과 낭만이 주어질 것만 같
았다. 뉴욕의 빌딩 숲 가운데 있는 멋진 카페에 앉아서 향기로운 커피 한
잔의 여유를 즐기고 싶었다.

하지만 현실은 나의 꿈을 유보시켰고, 졸업 후 사회에 진출해 프리랜스
일러스트레이터로 활동하면서 이전의 뉴욕 드림이 얼마나 허황된 환상이
었는지 알게 되었다. 뉴요커라고 자부하던 선배들도 하나 둘씩 한국으로
돌아와 나와 다르지 않은 아이 엄마의 모습
으로 나타났고, 이미 한국에서 활동 중인
나의 상황을 부러워하기까지 했다. 내가
동경했던 뉴요커의 모습은 드라마나 영
화 속에서 미화된 일면이었을 뿐, 그곳
역시 한국과 다름없는 삶의 전쟁터
임을 뒤늦게나마 깨달았다. '백문
불여일견百聞不如一見'이라고 하지
않았는가. 직접 보지 않고서 그곳
에 대한 희망을 버리기는 어려웠

던 것이다.

한때 뉴요커를 꿈꾸었던 내가, 남편과 네 살짜리 딸과 함께 드디어 뉴욕으로 향하고 있다. 스타일리시한 싱글녀가 아닌 아이 엄마로 유모차를 끌고 맨해튼 한복판에 서게 되겠지만, 그래도 내 꿈의 배경이었던 그곳에 갈 수 있다는 것만으로도 만족할 것 같았다. 뉴욕에 그토록 가고 싶어서 몇 날 며칠을 뉴욕 관련 책자를 보며 프랭크 시나트라의 '뉴욕 뉴욕'을 흥얼거리는 나를 보며 "그래, 꼭 뉴욕에 가자."고 내 손을 잡아준 남편이 고마웠다. 아내와 엄마로서 살고 있는 지금은 그 어떤 뉴요커도 부럽지 않지만, 뉴욕을 향해 달려가는 순간만큼은 더없이 행복하고 설레었다.

남쪽으로 내려갈수록 날씨가 흐려졌다. 기대하던 뉴욕 주에 들어오니 하늘은 비구름으로 가득했고, 우뚝 솟은 빌딩 숲 사이로 비가 추적추적

내리고 있었다. 이번 여행을 하면서 한 번도 비가 온 적이 없었는데, 우리를 반기는 비인가…….

실망스러운 마음을 애써 긍정적으로 다독이면서 잿빛 가득한 뉴욕의 풍경을 시야에 담았다.

'여기가 내가 그토록 오고 싶어 하던 맨해튼이구나!'

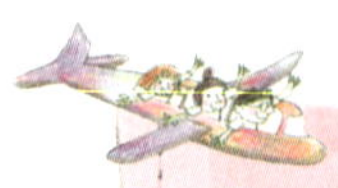

뉴욕의 민박집 이야기

맨해튼의 한 블록을 몇 분 동안이나 계속 맴돌았다.

'아휴, 맨해튼에서는 주차가 어렵다고 하더니, 이거 장난이 아닌데…….'

뉴욕에는 주차장이 부족하다는 정보를 입수하고 지하철과 가까운 곳에 민박집을 잡았으나, 짐을 내려놓기 위해서는 잠시 주차를 해야만 했다. 결국 30분 넘게 헤매다가 민박집 아르바이트생의 도움으로 짐을 도로 위에 내던져놓고 간신히 렌트한 자동차를 반납했다. 뉴욕의 악명 높은 주차난은 소문이 아닌 사실이었다. 뉴욕을 여행할 때는 자동차 이용은 가급적 피하고 픽업 서비스나 대중교통을 이용하시길!

97번가와 메디슨 애비뉴.

우리가 5일간 뉴욕에서 묵게 될 곳은 인터넷에서 우연히 찾은 민박집.

맨해튼의 호텔이나 모텔들은 대부분 가격이 몹시 비싸서 일찌감치 포기했고, 차선책으로 민박을 하기로 결정했다. 많은 기업인이 출장 시에 이용하거나, 대학생들의 배낭여행, 심지어 단기 유학생들의 거처가 되기도 하는 곳이기에 민박집 또한 예약 경쟁률이 만만치 않았다. 다행히도 여행 떠나기 2개월 전부터 민박 사이트를 뒤져서 가격과 위치가 적합한 민박집을 발견할 수 있었다. 방 한 개에 커다란 거실, 샤워와 목욕이 가능한 깨끗한 화장실, 작고 아담한 부엌이 딸린, 우리 가족만 사용할 수 있는 독채형 스튜디오였다.

무거운 나무로 만들어진 현관문을 열 때나, 2층으로 올라가는 작은 계단을 밟을 때 들리는 '삐걱' 소리가 이 건물의 오랜 역사를 증명해주었다. 거실 한쪽 벽을 멋스럽게 꾸민 붉은 벽돌과 심플한 가구들로 장식된 스튜디오는 우리 마음에 쏙 들었고, 깜찍한 크기의 식탁에는 예쁜 그릇까지 세팅되어 있어, 당장에라도 저녁을 차려서 먹고 싶은 충동이 일었다. 침실은 핑크 톤의 패브릭으로 포근한 분위기를 연출하고 있었는데, 거듭된 모텔 생활에 지쳐 있는 지아에게 안락한 집에 돌아온 것 같은 기분을 느끼게 해주었다.

건물과 건물 사이의 간격이 좁아서 화장실 창문을 통해 옆 건물 안이 훤히 보였다. 이웃 주민들의 소곤거리는 대화 소리에, 우리도 어느새 이 동네 주민이 된 것만 같았다. 미국 드라마 「프렌즈Friends」에서 등장하는 레이첼이나 모니카가 우리 옆집에

가정집에서 머무는 기분이 들 정도로 편안하고 아늑했던 민박집.
첫날은 우리 가족 모두 피로를 풀며 뉴욕에 온 걸 자축했다.

살고 있는 것이 아닐까 하는 유쾌한 상상도 했다. 5일만 지내다 가기엔 너무 아까운 장소, 뉴욕을 만끽하기에 너무나 훌륭한 장소가 되어버린 이곳에서 뉴욕 입성을 축하하는 작은 파티를 벌였다. 뉴욕에서의 첫날밤은 그렇게 깊어가고 있었다.

미국 화장실에서는 물을 조심하세요!

미국의 건물들은 주로 목조 건물이다. 한국의 화장실은 바닥에 방수 공사를 하기 때문에 물이 넘치더라도 별문제가 없지만, 이곳의 목조 건물은 사정이 다르다. 미국의 많은 건물들은 화장실에 방수 공사를 하지 않으며 심지어 물이 빠져나갈 수 있는 배수구조차 마련되어 있지 않다. 주거 공간의 차이에서 올 수 있는 사고를 사전에 예방하기 위해 미국의 화장실에서는 물이 넘치지 않도록 각별한 주의를 기울여야 한다. 가령 욕조에 물을 넘치도록 받는다든지, 변기에 화장지를 많이 구겨 넣어 변기 물이 넘치는 일이 없도록 해야 한다.

우리 가족의 민박집 선택 시 필수 사항

01 걸어서 지하철을 탈 수 있어야 한다.

02 안전을 위해서 맨해튼 90번가 아래쪽에 위치해 있어야 한다.

03 깨끗한 시설.

04 부엌이 있어서 뉴욕 스타일의 간단한 아침과 와인을 곁들인 저녁 만찬을 차릴 수 있어야 한다.

05 민박집 근처에 멋진 커피숍이 있으면 금상첨화.

06 유명한 레스토랑이 많은 곳이 좋다.

07 뉴요커인 척하기 위해 구입한 운동복을 입고 산책할 수 있는 센트럴 파크가 가까이에 있어야 한다.

08 가장 중요한 것, 가격이 저렴해야 한다!

MANHATTAN TRAVEL PLAN

Day 1.
96St.역(Green)–Bowling Green역
–Battery Park–Liberty Island(자유의 여신상)–
Canal St.역–차이나타운–리틀 이태리(롬바르
디스 피자)–6St.역

Day 2.
96St.역–Spring St.역–소호 구경–유니언 스
퀘어–23St.역(Green)–86St.역(Green)–구겐
하임 미술관–96St.역

Day 3.
96St.역–Times Square역–타임스퀘어구경–
토이저러스–버스–첼시 프리마켓–첼시 마켓–
59St.역–F.A.O–96St.

Day 4.
숙소–Central Park–Cooper–Hewitt
national design museum–브런치–숙소–
JFK공항

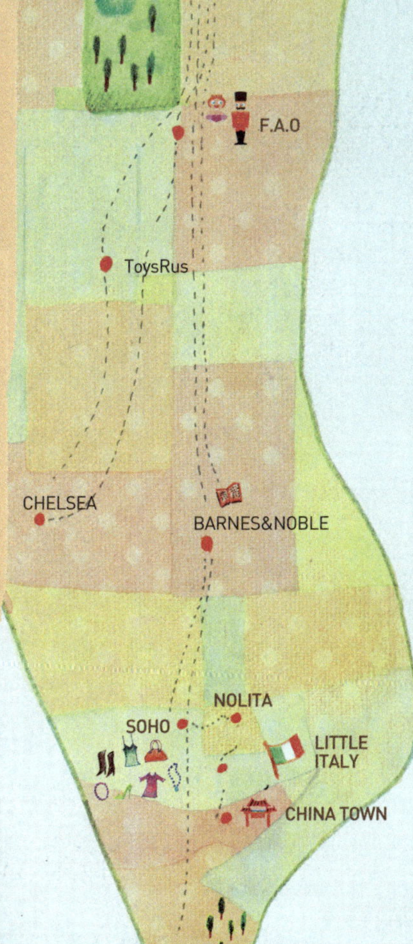

맨해튼에 대한 정보는 친구들이나 각종 가이드북을 통해서 많이 듣고 보아왔다. 특히 미국 드라마 「섹스 앤 더 시티Sex And The City」에서 캐리와 미란다가 먹던 컵케이크로 유명해진 가게 '매그놀리아', 세계 현대미술 거장들의 작품들이 많이 있는 'Moma', 뉴욕을 대표하는 '타임스퀘어 광장' 등 놓치지 않고 가봐야 할 곳들이 너무나도 많았다. 그러나 네 살짜리 지아를 데리고 뉴욕을 관광하기 위해서는 시간과 거리는 물론, 아이의 흥미까지 고려해서 모든 것을 예상하고 결정해야 했으니, 계획을 세우기에 앞서 내 욕심부터 자제할 필요가 있었다. 우리의 맨해튼 투어는 민박집 근처에 있는 96St. 역을 중심으로 시작되었다. Dew와 나는 가고 싶은 장소를 각각 선정하여 그것을 다운타운Downtown, 로어 이스트 사이드Lower East side, 미드타운 이스트Midtown East 등 커다란 구역별로 나누었다. 뉴욕에서의 4박 5일 동안 가능한 한 많은 곳을 살펴보기 위해서는 매일 하나의 구역을 선택해서 목적지와 가장 가까운 지하철로 이동한 후, 정해진 구역 내를 도보로 다니는 것이 효과적일 것이라 생각했기 때문이었다.

이 계획 덕분에 계단이 많은 뉴욕의 지하철역이나 버스 탑승 시에 유모차를 접었다 폈다 하는 수고를 대폭 줄일 수 있었고, 바둑판처럼 생긴 뉴욕의 골목골목을 걸어 다니며 여유롭게 구경할 수 있었다. 그러나 유모차를 끌고 블록을 옮겨 다니다 보니 많은 횡단보도를 건너야 하는 번거로움과 함께 다리에 엄청난 피로가 몰려왔다. 그렇지만 미리 계획해둔 루트대로 우왕좌왕하지 않고 모두 둘러볼 수 있었으니, 맞춤 계획이야말로 후회 없는 여행을 위한 필수 조건이라고 할 수 있겠다.

지하철을 타고
뉴요커의 삶을 마음에 담다

나는 출판사에 일이 있을 때나 친구들과의 약속이 생기면 반드시 지하철을 이용한다. 몇 해 전부터 운전을 시작했지만 차를 몰고 서울 시내를 돌아다니는 일에는 주차와 끼어들기, 러시아워 등 여러 가지 문제가 뒤따르기 때문에 오히려 더 불편하게 느껴지기 때문이다. 반면 지하철은 시원한 에어컨 바람을 맞으며 책을 보거나 사람들을 구경할 수도 있고, 작은 스케치북에 간단한 그림도 그릴 수 있다.

이런 지하철의 유용성 때문에, 뉴욕에서의 이동 수단으로도 지하철을 선택했다. 맨해튼의 교통은 서울과 크게 다르지 않았지만, 일방통행 도로가 많아서 길을 잘못 들었다가는 낭패를 당할 것 같았고, 더욱이 주차 공간이 턱없이 부족했다. 게다가 골목골목을 걸으면서 예쁜 가게를 발견하거나 맛있는 머핀을 사 먹기 위해서라도 두 다리에 의지해서 관광하는 것이 현명한 판단 같았다.

우리 숙소에서 가장 가까운 역인 96St. 역 안으로 가는 긴 계단들을 내

려가니 거의 모든 역 안에 에스컬레이터가 없어 유모차를 가지고 다닌 우리에게는 약간의 수고가 필요했다. 바깥세상과는 다른 뉴욕의 모습이 펼쳐졌다. 손으로 밀어젖혀야 통과할 수 있는 개표구, 지하철 역사 안의 행위예술가들 거의 구걸하는 모습이었지만, 천장 위에 노출되어 있는 철골 구조물들, 하나하나 타일을 붙여 만든 역 이름과 장식 등, 오래되고 어둠침침한 뉴욕의 지하철역을 보자니, 편의를 위해 현대식으로 깔끔하게 단장된 서울의 지하철역이 생각났다. 뉴욕의 지하철은 산뜻하거나 깨끗한 느낌은 없었지만 이곳에서만 존재하는 무언가가 마음 한구석을 자극했다. 그것은 기억 저편으로 밀려난 옛 추억에 대한 향수였다. 마그네틱 선이 들어가 있는 노란색 종이표를 입구에 넣은 뒤 딸깍 소리가 나야 밀고 들어갈 수 있었던 개표구, 차량 천장에 매달려 덜덜거리며 회전하던 선풍기, 그 미지근한 바람을 찾아 좋은 자리를 서둘러 맡아 앉았던 우리들, 객차 안 여기저기에 붙어 있던 광고물과 페인트로 정성껏 쓰여 있던 역 표지판 등, 이제는 더 이상 찾아볼 수 없는 과거의 기억들. 이 모든 것들은 어느 날 갑자기 자취를 감춰버렸다.

이런 기억들이 뉴욕의 지하철을 통해 하나 둘씩 다시 내 머릿속에서 되살아나고 있었다. 불편하지만 쉬이 변하지 않는 뉴욕의 지하철에는 100년이 넘는 뉴욕 지하철의 역사가 고스란히 담겨 있었다. 옛 모습에서 한 발자국씩 천천히 변화하는 풍경 속에서 기타리스트의 즉흥 연주를 듣고 있으려니, 마치 타임머신을 타고 과거의 뉴욕으로 들어선 기분이 들었다. 이렇듯 역사의 변화를 자연스럽게 체감할 수 있는 뉴욕 지하철이 여행자의 눈에는 무척 풍요로운 흥밋거리로 다가왔다. 단순한 이동 수단으로만 여기고 흘려버렸을 수도 있는, 뉴요커들의 이야기와 손길이 오래도록 남아 있는 지하철을 보면서 그들의 역사와 문화를 엿볼 수 있었다.

'여행에서의 사진은 여행지의 모습을 담지만, 여행자의 마음은 여행지의 이야기를 담는다.'

이거 타고 어디서 내리나...??

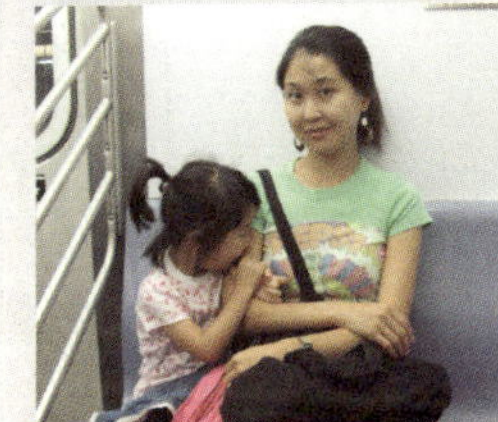

아잉~ 울엄마 넘 좋아

철장으로 보이는 출구~
유모차 통과 불가!

이 많은 계단을 오르락 내리락 했어요~

옛 모습에서 한 발자국씩 천천히 변화하는 풍경 속에서 기타리스트의 즉흥 연주를
듣고 있자니, 마치 타임머신을 타고 과거의 뉴욕으로 들어선 기분이 들었다.

20달러짜리
비운의 사진 한 장

　'뉴욕' 하면 생각나는 명소를 뽑으라면 당연히 자유의 여신상을 빼놓을 수 없을 것이다. 우리 역시 지아에게 보여주기 위해 뉴욕의 첫 관광지로 자유의 여신상을 선택했다.

　맨해튼 남쪽까지 쭉 내려오는 데 걸린 시간은 30여 분. 볼링 그린 역 Bowling Green Station에 도착해 밖으로 나간 우리를 맞이해준 건 얼굴과 옷에 손통 온색 펄을 바르고 번쩍거리는 미러 선글라스를 낀 사람들이었다. 자유의 여신상 모습을 흉내 낸 그들은 지아에게 성큼 다가와서 다짜고짜 어깨에는 스카프를 둘러주고 한 손에는 횃불을 들려주었다. 이곳을 찾은 관광객들에게 즐거움을 주기 위해 활동하는 예술가들이라고 생각한 우리는 팁이라도 줄 요량으로 지갑에서 2달러를 꺼내들었다. 그런데 1컷에 20달러라는 것이 아닌가! 이것도 기념이다 싶어서 결국엔 돈을 주고 어리둥절해하는 지아를 세워두고 사진을 찍었다. 하지만 썩 마음에 들지 않는 사진을 받고 나니 서둘러 찍어서 망쳤다는 생각에 속은 기분

잉~뭐야~지아 앞에도 안 보고
완전 얼굴이 얼었잖아~
우리가 너무 순진했어.
나중에 찍어도 되는데...
재네들 완전 도둑놈이다.
그냥 들이대네~
STATUE OF LIBERTY
AND
ELLIS ISLAND FERRY
$20

와!
이 지하철역 외관
너무 멋지다!
Bowling Green
4   5

이 들었다.

우리는 고층 건물을 등지고 한가로운 분위기가 물씬 풍기는 허드슨 강변을 배경으로 푸른 숲과 음악이 있는 배터리 파크에 들어섰다. 표지판을 따라 매표소로 가니, 옛날에 요새로 쓰였다는 캐슬 클린턴Castle Clinton이 나왔다. 이곳에서는 자유의 여신상이 있는 리버티 섬과 이민박물관이 있는 엘리스 섬으로 가는 표를 팔고 있었다. 우리는 두 군데를 다 들르는 코스 표를 사고, 인적이 드문 벤치에 앉아 허드슨 강변을 바라보며 간단한 브런치를 먹었다. 체리와 미국식 가판에서 방금 산 프레즐 한 개, 핫도그 한 개를 콜라와 함께 먹으며 배터리 파크의 공기도 함께 마셨다.

방금 사진 한 장으로 20달러를 날린 탓에 간소하게 점심을 해결한 Dew는 배가 차지 않았는지 투덜거렸지만 지아의 관심은 이미 바다를 건너고 있었다. 지아는 나이아가라에서 타봤던 배를 또 탄다는 생각에 들떠 치마를 팔랑거리며 비둘기들을 쫓아다녔다. 저 멀리서 이젤을 펴놓고 유유히 그림을 그리는 화가 아저씨, 금색 옷을 입고 분수대를 빙빙 돌며 외발 자전거를 타고 있는 광대의 모습도 보였다.

공원에서 그들만의 시간을 보내며 생계를 이어나가는 모습이 자연스러웠다. 이러한 평화가 바로 다양성이 공존하는 미국 문화의 힘이 아닐까. 이들에게도 보이지 않는 물질적·인종적 차별이 있겠지만, 거리의 행위예술가는 그 나름대로 예술가로서 존중 받고, 그들 또한 자신이 할

이젤을 펴놓고 유유히 그림을 그리는 화가 아저씨,
금색 옷을 입고 분수대를 빙빙 돌며 외발 자전거를 타고 있는 광대의 모습도 보였다.

수 있는 일을 하면서 당당하게 살아가는 모습이 보기 좋았다. 그래서 전 세계의 많은 예술가들이 뉴욕을 동경하고 이곳을 삶의 터전으로 삼기 위해 뉴욕행 비행기에 몸을 싣는 거겠지.

우리는 페리를 타기 위해 선착장에 다다라 검색대를 통과했는데, 9·11테러 이후에 짐 검색이 철저해졌다고 해서 조금 긴장하기도 했다.

드디어 페리호에 탑승. 페리에 오르자마자 우리는 2층 난간 쪽으로 향했다. 햇볕이 따가웠지만, 하늘과 제일 가까운 곳에서 자유의 여신상을 만나고 싶었기 때문이다. 배는 힘차게 물살을 가르며 넓은 바다를 향해 떠나기 시작했고, 고층 빌딩이 벌집처럼 밀집되어 있는 월스트리트의 모습이 한눈에 들어왔다. 우리 가족을 태운 배는 리버티 섬을 향해 서서히 움직였다. 여러 매체를 통해 본 기억으로는 리버티 섬에는 자유의 여신상만 달랑 서 있는 줄 알았는데, 막상 페리에서 내려 리버티 섬에 도착해 보니 이곳은 나무들과 잔디들이 잘 관리되어 있는 하나의 공원이었다. 배에서 내린 사람들은 자유의 여신상을 찍으러 우르르 몰려가느라 바빴지만, 우리는 공원을 한 바퀴 돌면서 인적이 드문 길을 따라 걸었다.

'그래, 여기서 좀 쉬다 가자. 서두를 필요는 없지.'

뉴욕의 첫 여행지에서 우리는 느긋하게 자유를 즐겼다. 자유의 여신상 바로 아래에서…….

자유의 여신상이 있는 리버티 섬에서

리버티 섬에 도착했어요~

여유로운 공원에서의 풍경

아빠 무릎 위에서 쉬고 있는 지아~

맛있는 양파링을 먹으며 장난치기!

배터리 파크 소개

뉴욕 맨해튼 남단에 위치한
배터리 파크
1812년 영국이 맨해튼을 지배할 당시 방어를 위해 만든 포대때문에 배터리 파크라는 이름이 붙었다. 당시의 배터리는 200여 년이 지난 지금, 우여곡절 끝에 Castle Clinton이라는 이름으로 잘 보존되고 있다. 내부는 역사박물관과 자유의 여신상으로 가는 티켓을 파는 매표소가 되었다.
Castle Clinton
매표소 성인 12불!
CASTLE CLINTON
Bowling Green Station
Photo! Photo!
여기서부터 줄 서는 건가?

날 보러 와요!
자유의 여신상
미국으로 들어오는 이민자들이 입국심사를 위해대기하던 곳.
현재는 이민박물관으로 유명해요.
짜잔!
Status of Liberty FERRY
경문소
9·11테러 이후 검색대를 통과해야함.
HOT DOG
BATTERY PARK

아빠도 맛있게 먹은
룸바르디스 피자

리버티 섬을 나온 우리는 다시 지하철을 타고 차이나타운과 가까운 커넬St.Canal St. 역에서 내렸다. 밖으로 나오자 뉴욕인지 중국인지 알 수 없을 정도로 많은 동양인들이 보였고, 거리마다 한문이 적힌 간판들이 눈에 띄었다. 많은 인파와 잡다한 먹을거리를 파는 가게, 값싼 물건들을 잔뜩 늘어놓고 파는 가게 등이 밀집되어 있는 것을 보니 우리의 남대문 시장이 연상되기도 했다.

가이드북에는 맨해튼의 차이나타운에서는 여행객 티를 내지 말라고 당부하고 있지만, 우리는 철저하게 여행객 티를 내고 말았다. 차이나타운은 먹을거리와 볼거리가 많아 모든 것을 오늘 하루 안에 구경하고 맛보아야 하는 우리에게는 좀 더 정확하고 객관적인 정보가 필요했기에, 한 손에는 지도를, 또 다른 손에는 가이드북을 들고 다닐 수밖에 없었다.

가이드북에 나와 있는 몇몇 아이스크림 가게와 딤섬, 디저트 가게들을 찾아 차이나타운을 한참이나 걸어 다녔다. 물론 책 속에 나와 있는 명소 중에는 이미 다른 가게로 바뀐 곳도 있었고 정보와는 달리 들어가기 힘들 정도로 청결이 의심되는 가게들도 많았다. 하지만 블록마다 바둑판 모양을 한 거리는 목적지를 찾기에 수월했고, 길을 건너기 위해 신호를 기다릴 때마다 잠시 멈춰 서서 차이나타운의 모습을 살펴볼 수 있어서 좋았다. 더욱 마음에 들었던 건, 우리가 들어갔던 아이스크림 가게나 딤섬 가게는 저렴한 가격에도 불구하고 맛이 아주 훌륭했다.

간단히 요기를 하긴 했지만, 뉴욕으로 오기 전부터 계획했던 '롬바르디스 피자'를 먹기 위해 노리타Nolita : North of Little Italy라 불리는 리틀 이태리로 발걸음을 옮겼다. 이전에는 보다 넓은 구역에 걸쳐 위치했다는 d 이곳은 현재는 화교들의 세력 확장으로 인해 많은 부분이 차이나타운으로 흡수되어버렸다고 한다.

피크 시간대에는 1시간 넘도록 기다려야 한다는 롬바르디스 피자. 우리 역시 예약 대기표에 이름을 올려놓은 뒤 30분쯤 노리타를 둘러보고 나서야 자리를 지정 받을 수 있었다. 건물 외벽의 모나리자 벽화가 이곳이 이태리 전통 방식으로 피자를 굽는 곳임을 알려주었고, 1905년에 오픈해서 100년이 넘는 전통을 자랑하듯 그동안 언론에 소개됐던 자료들과 유명 인사들이 들렀던 사진들이 벽면에 빼곡히 붙어 있었다.

드디어 주문한 피자가 예쁜 은색 쟁반에 올려져 나왔다. 얇은 도우 위에 맛있는 토마토소스, 모차렐라 치즈, 바질이 올라간 피자였는데, 내가 좋아하는 모차렐라 치즈와 버섯이 추가되어 엄청나게 큰 사이즈가 되었다.

샌프란시스코에서 먹던 느끼하고 두툼한 도우Dough의 피자와는 달리 담백한 도우에 신선한 토마토소스 향이 우리의 입맛을 돋우었다. 어찌나 맛있던지 그동안 느끼해서 피자 한 조각도 제대로 못 먹던 Dew도 이곳에 오길 잘했다며 내 칭찬을 할 정도였다. 더불어 맛있는 피자를 소개한 나에 대한 고마움도 표했다.

이렇게 해서 여행을 떠나야 하는 목적이 하나 또 늘었다. 이 세상의 모든 맛있는 음식을 먹어보기 위해서라도 여행을 떠나야 한다는 이유가……

아이의 지적 호기심을
충족시키는 놀이터를 찾다

뉴욕을 뉴욕답게 해주는 것 중 하나가 바로 박물관이다. 크고 작은 박물관이 수백 개나 되며 테마도 다양해서 '박물관' 하면 떠올리게 되는 딱딱하고 지루한 이미지를 완전히 탈피시켜준다. 나와 Dew 모두 전시 구경을 좋아하지만, 조용하게 감상하고 많이 걸어야 하는 미술관에서 관람보다는 정신없이 돌아다니는 데 바쁠 지아를 돌보는 일이 걱정되어 뉴욕이 박물관또는 미술관에 선뜻 들어가기가 망설여졌다. 그래도 뉴욕까지 와서 전시를 안 보고 간다는 건 말도 안 되지. 우리는 그동안 꼭 가보고 싶었던 구겐하임 미술관을 오늘의 일정에 넣었다. 다만, 세계에서 가장 유명하다는 미술 박물관 중 한 곳인 메트로폴리탄은 다음 기회로 미루었다. 특이한 외관 때문에라도 꼭 가보고 싶었던 구겐하임 미술관. 폐장하기 2시간 전에 입장하면 기부금 1~2달러만 줘도 들어갈 수 있다는 정보를 책에서 읽고, 일부러 저녁 무렵에 맞춰 가려고 오전 시간은 소호에서 보내기로 했다.

about SOHO

소호란 이름은 South of Houston St.
에서 머리글자만 따왔다. 휴스턴 거리는
남쪽 커넬 거리(Canal St.) 동쪽의 브로드
웨이(Broadway), 서쪽의 웨스트 거리
(West St.) 사이의 지역을 말한다.

소호SOHO는 세계적인 명품과 미국 브랜드 쇼핑, 거리 뮤지션과 아티스트들의 거리 전시회 관람을 한꺼번에 해결할 수 있는 곳이다.

소호 관광을 시작하기에 가장 좋은 곳은 Broadway와 Prince St.이 만나는 거리인 N·R라인의 Prince St. 역이다.

불과 10년 전만 해도 소호는 예술가들이 모여 사는 곳이었다. 가난한 예술가들이 성공을 꿈꾸며 길 위에서 창작 활동을 하고 시대의 낭만을 논했을 거라는 생각에 가슴이 뛰었다. 빈티지와 구제 스타일을 좋아하는 나는 소호 거리에서 과거 예술가들의 흔적을 찾아볼 생각이었다. 그러나 예스러운 정취로 가득할 거라는 기대와 달리 소호 거리는 깨끗하고 고급스러운 느낌이었다. 예술가들의 거처와 그들이 예술을 논했던 카페는, 지금은 프라다, 샤넬, 루이비통 등의 브랜드 숍과 갭, 바나나 리퍼블릭

등의 미국 대표 브랜드 숍으로 바뀌어 있었다.

예쁜 카페들과 고급스러운 옷가게, 인테리어 숍들을 구경하다 보니 이 골목 저 골목에서 직접 그린 소박한 그림을 가지고 나와 파는 사람들이 눈에 띄었다. 우리나라 길거리에 이런 그림을 팔아보겠다고 내놓았다가는 "와, 엄청 용감하군." 하는 빈정거림을 살 만한 아마추어 실력의 그림이었지만, 떳떳하게 자신의 예술품에 가치를 부여하고 직접 파는 모습을 보니 그 정신만큼은 프로 같았다.

어설픈 솜씨의 그림이 묘하게 거리 분위기와 어울려서인지 그들의 그림뿐 아니라 그들이 존재하는 장면 그 자체마저도 하나의 예술 작품으로 보였다. 나도 한 번쯤 이런 곳에서 내가 그린 그림을 직접 팔고 싶다는 생각이 들 정도로 예술을 사랑하는 이곳 사람들의 정신은 공기처럼 자연스럽고 유연했으며 거리낌이 없었다.

우리의 발걸음은 다시 유니온 스퀘어 쪽으로 향했다. 우리의 목적지인 '반스 앤 노블'은 뉴욕에서 가장 큰 서점. 서점 안에는 스타벅스가 위치해 있어 은은하게 좋은 커피 향이 났고, 조명 때문인지 도서관 같은 분위기도 풍겼다. 우리는 각자 마음에 드는 책을 골라 카펫 위에 털썩 주저앉아 독서삼매경에 빠져들었다. 어린이 책 코너는 마치 테마파크처럼 동화책에 나오는 여러 가지 캐릭터가 천장과 벽면에 매달려 있기도 하고, 금방이라도 튀어나올 듯한 입체적인 조형물이 있기도 했다. 지아는 물 만난 물고기처럼 자유롭게 활개를 치며 수십 권의 그림책을 열심히 나르고 보느라 정신이 없었다. 나와 Dew 역시 취향대로 책을 골라 지아 옆에 앉아서 시간 가는 줄 모르고 읽고 보았다.

　반스 앤 노블은 고객이 쉽게 책을 찾아볼 수 있도록 층별과 분야별로
잘 진열해놓았고, 서점이라는 생각이 들지 않을 정도로 독서 공간이 충
분히 확보되어 있었다. 무엇보다 아이들이 즐겁게 즐길 수 있는 다양한
놀이기구가 안전하게 배치되어 있다는 점과 동화 속에 나오는 아름다운
풍경과 비디오를 직접 시청할 수 있는 공간이 마련되어 있다는 점이 강
점이었다. 이러한 다양한 공간들이 곳곳에 배치되어 있어서 단순한 서점
이라기보다는 하나의 북 테마파크 같았다. 이 정도 시설이라면, 서점이
골치 아픈 문서들을 쌓아놓은 고리타분한 장소가 아니라, 아이들의 지적
호기심을 충족시킬 수 있는 즐거운 놀이터로 인식될 수 있겠다는 생각이
들었다.

그러다보니 지아는 이곳에서의 2시간 남짓한 자유 시간 큰 맘 먹고 마치 커다란 선물을 받은 양 기뻐했다. 그런 지아의 모습에 우리의 마음도 기뻤다. 반스 앤 노블이 가족과 행복을 나누는 공간, 문화를 파는 공간임을 확인하고, 짧은 2시간을 아쉬움으로 남긴 채 그곳을 나왔다.

서점에서 나와 걷고 있노라니 크고 작은 빽빽한 빌딩 사이로 숲이 보였다. 하늘을 찌르는 스카이라인을 자랑하는 도심 속의 숲. 낡은 벤치에서 오랜 역사를 거쳐온 세월의 흔적이 고스란히 느껴지는 소박하고 정겨운 공원이었다. 때마침 점심시간이라 단정한 정장 차림으로 잔디 위에 앉아 샌드위치와 커피로 간단한 식사를 하거나 독서에 열중하는 사람들이 제법 많았다. 웃통을 벗고 드러누워 일광욕을 즐기는 사람들도 있었고, 사랑을 속삭이며 한가로운 런치타임을 즐기는 연인들도 심심찮게 눈

에 띄었다. 누구 하나 다른 사람의 눈치를 보거나 주변에 신경을 쓰지 않은 채 오롯이 자신만의 여유를 즐기고 있었다. 이 공원 안에서 이곳저곳을 살펴보는 사람은 뉴요커인 척하는 우리 가족이 유일했다.

산책을 끝내고 잠시 멈춰 서자, 지아는 유모차 뒤에 꽂아놓은 돗자리를 꺼내더니 알아서 척척 폈다.

"우리도 여기 앉자~."

서점 속 가득한 책 향기에 취했던 것도 잊고, 바깥으로 나와서 시원한 그늘에 앉으니 세상의 온갖 시름이 다 잊히는 듯했다. Dew는 몸을 쭉 펴며 드러누웠고, 난 신발을 벗고 다리를 뻗었다. 잿빛 도시의 갈증을 적셔주는 이런 오아시스가 도심 한가운데에 있다니. 알면 알수록 매력적인 도시 맨해튼에서의 공원 예찬에 또 빠져들었다. 자신이 원하는 방식대로 삶을 영위하며 타인을 의식하지 않는 그들의 모습이 자연스러웠다.

다음 목적지는 책에 별표에 동그라미, 포스트잇까지 붙여놓은, 뉴욕의 필수 관광 코스인 구겐하임 미술관. 구겐하임 미술관을 찾아가기 위해 지도를 보면서 계속 걸어갔는데, 이런? 이상하다. 분명히 길은 맞는데 건물이 안 보인다. 혹시나 하고 지나가던 사람에게 물어보니 다른 곳으로 이전했다고 한다. 오잉? 이 책은 최근에 나온 가이드북인데 내용이 잘못됐다고?

'뭐야! 언제적 정보를 책에 넣어둔 거야!'

행인들에게 물어 물어서 구겐하임 미술관에 도착하자, 어느새 저렴한 가격에 미술관을 관람 할 수 있는 기부 입장 시간인 저녁이 되었다. 그런데 힘겹게 도착했건만 멀리서도 한눈에 보일 정도로 독창적이라는 미술관 건물은 안 보이고 공사 중인 건물만 덩그러니 놓여 있었다. 그것도 외관 공사로 겉모습을 볼 수 없게 가려놓은 상태. 흑흑, 거대한 달팽이 모양의 외관이 포인트인데, 아쉬워라……

그래도 명성에 알맞게 미술관 안은 관람객들로 붐비고 있었다. 우리처럼 소액의 기부금을 내고 들어오기 위해 몰려든 사람들일까? 기부금 2달러를 내고 우리도 서둘러 입장했다. 미대를 다니면서 수없이 들었던 미술관이라 설레기도 하고, 책으로만 접했던 건물 안에 직접 들어왔다는 사실에 흥분되기도 했다. 천천히 유모차를 밀면서 지아와 함께 곡선으로 된 길을 따라 위로 올라가며 감상을 시작했다. 미술대학 출신인 나와 Dew는 나선형 길을 따라 끊임없이 펼쳐진 흥미로운 작품들에 점차 매료되어갔다. 미술관의 보수 공사 때문에 멋진 외관을 감상할 수 있는 기회와 피카소와 클레, 칸딘스키 등의 그림들이 전시되어 있는 곳을 포기해야 했지만, 뉴욕을 찾는 이들에게 구겐하임 미술관은 메마른 감성 위로 단비를 내려주기에 충분했다.

* **위치** 1071 5th Avenue (at 89th Street) NY
* **문의** (212)423-3500
* **교통** 지하철 4·5·6을 타고 86번가 하차 후 5번가를 따라 88가로 직진.
  M1·M2·M3·M을 타고 Madison Ave. 나 5번가에서 하차.
* **개관 시간** 토~수요일 am10~pm5:45
  금요일 am10~pm7:45 (금요일 pm5:45부터 기부 입장)
* **휴관** 목요일, 추수감사절, 성탄절
* **관람료** 성인 18달러, 학생 및 65세 이상 노인(신분증 지참) 15달러, 12세 이하 아동 무료
* **웹사이트** www.guggenheim.org

아이들의 천국, 장난감 슈퍼마켓

1. F.A.O 슈워츠(F.A.O Schwarz)

미국 41개 도시에 체인점을 가지고 있는 F.A.O 슈워츠는 뉴욕의 필수 관광 코스에 포함될 정도로 많은 인기를 누리고 있다. 1862년 독일 이주자인 프리데릭 슈워츠 Frederick August Otto Schwarz가 발티모어에 있는 자신의 팬시 상품 숍에 품질 좋은 유럽산 장난감들을 수입해 판매하면서 시작되었다. 1870년 맨해튼 남쪽 브로드웨이에서 장난감 바자회를 열면서 이 작은 장난감 가게는 급성장하기 시작했고, 오늘날 세계적인 장난감 회사가 되었다. 현재 약 200여 개의 체인점이 미국 내에서 운영되고 있으며, 그중에서도 뉴욕 6번가에 있는 매장이 가장 유명하다.

영화 「빅」에 나왔던 발로 밟는 피아노 건반 'Dance on Piano'는 이곳의 대표적인 상품. 주말에는 영화 속 장면을 연상케 하는 직원들의 공연이 펼쳐진다. 영화 「나 홀로 집에 2」에 등장하는 장난감 가게 역시 이곳이다.

토이저러스가 대중적이고 캐주얼한 분위기의 장난감 가게라면, F.A.O 슈워츠는 클래식하면서도 고급스러운 분위기의 장난감 가게라 할 수 있다. 아이들뿐만 아니라 어른들에게도 멋진 추억이 될 만한 곳이므로 두 곳 모두 빠짐없이 들러보자.

* **위치** 767 Fifth Avenue(Fifth Ave.와 58th St.가 만나는 지점) 58th St. New York
* **문의** 212-644-9400
* **개관 시간** 월~목요일 am10:00~pm7:00
  금~토요일 am10:00~pm8:00
  일요일 am11:00~pm6:00

2. 토이저러스(Toys-R-Us Inc.)

미국 최대의 멀티토이숍으로 1948년 찰스 래저러스Charles Lazarus가 전후 베이비붐 시대에 맞추어 최초의 유아용 가구점을 개점하면서 시작되었다. 쇼핑몰이나 할인점이 등장하지 않았던 1957년 당시로서는 혁명적인 개념의, 최초의 장난감 슈퍼마켓이었다. 지금은 미국 토이저러스Toys-R-Us USA, 국제 토이저러스Toys-R-Us International, 키즈러스Kids-R-Us, 베이비스러스Babies-R-Us, 이미지내리엄Imaginarium, 토이저러스닷컴Toysrus.com 그리고 베이비스러스닷컴Babiesrus.com 등 7개 사업 부문으로 나뉘어 운영되고 있다.

뉴욕 브로드웨이에 위치한 토이저러스 입구에 들어서면 유원지를 연상시키는 커다란 관람차와 살아 움직이는 마스코트들이 방문객들을 맞이한다. 좋은 품질의 제품을 합리적인 가격대에서 구입 가능하며, 독립된 공간에는 베이비스러스의 제품이 진열되어 있어 신생아 준비물이나 출산 용품도 구입할 수 있다.

* **위치** 1514 Brodway at 44th St. New York, NY 10036
* **문의** 646-366-8800
* **개관 시간** 월~목요일 am10:00~pm10:00
　　　　　　　　금~토요일 am10:00~pm11:00
　　　　　　　　일요일 am10:00~pm9:00

오호~ 럭셔리 클래식 자전거!

아빠~ 우리 빨리 구경하러 가요~

다양한 인종의 신생아 인형들

플레이모빌에 빠진 Viu & Jia

센트럴 파크에서의 마지막 휴식

우리 숙소에서 조금만 걸어가면 센트럴 파크가 있다. 아침에 잠깐이라도 공원에 들러 산책해야지, 생각했다가도 막상 아침에 일어나면 지하철을 타고 이동하는 데 급했던지라, 공원 근처는 가보지도 못했다. 이대로 센트럴 파크를 지나칠 수는 없다는 의무감에, 드디어 뉴욕을 떠나는 날 오전에 공원을 찾았다. 한가한 일요일 오전. 미리 싸놓은 짐은 잠시 숙소에 맡겨놓고, 동네 마실 나가듯 천천히 걸어서 공원으로 향했다. 오늘 떠난다는 아쉬움 때문일까. 미국에서의 지난날들이 머릿속에 생생하게 되풀이되면서 가슴 언저리에 따끔거리는 통증이 밀려왔다. 코끝을 스치는 바람 한 점, 우리 어깨 위로 떨어지는 햇살 하나, 그 어느 것 하나 잊지 않고 영원히 기억하기 위해서 촉각을 곤두세웠다.

이곳을 끝으로 이제 다시 일상으로 돌아가야 한다. 이번 여행이 우리에게 일상의 삶을 다시 이어갈 수 있는 에너지를 충전시켜주었을까. 한 달간의 여행이 Dew와 지아에게 충분한 휴식이 되었는지, 앞으로의 삶에 어떤 영향을 줄 수 있을지, 그 해답은 여전히 찾을 수 없었지만 앞으로의 나날들을 통해 알게 되리라. 센트럴 파크의 넓은 잔디밭 위에 놓인 벤치에 앉아 놀이터에서 열심히 놀고 있는 지아와 Dew를 바라보며 그동안 우리가 걸어온 길을 되짚어보았다.

여행을 떠나기 전 나 자신과 약속했던 모든 것들을 지키기 위해 최선을 다했다. 일에만 빠져 지내던 내가 가족의 소중함을 다시금 깨달았고, 이런 나의 변화된 모습에 Dew 역시 나와 지아에게 모든 신경을 쏟아주었다. 바쁜 부모 틈에서 하루하루 무료하게 지내던 지아도 변화된 우리의 모습에 기뻐하고 즐거워했다. 우리 가족은 가족여행이라는 여정을 통해 서서히 변하고 있었던 것이다.

이어폰을 끼고 조깅을 하거나 자전거를 타는 사람들, 천천히 호수를 돌면서 여유로운 산책을 즐기는 노부부, 놀이터 한편에서 아이들과 함께 브런치 파티를 벌이는 가족들. 이들에게는 평범한 일상이 우리 가족에게는 새롭게 보였다. 자신의 삶의 방식은 하루하루의 일상 속에서는 빛을 잃고 묻혀버리지만, 여행자의 시선을 통하면 특별한 하루, 특별한 사건

센트럴 파크

맨해튼 한가운데 자리 잡은 센트럴 파크는 세계 최대의 도시 공원이다. 가로 800m, 세로 4km가 넘는 웬만한 행정구역 면적을 자랑한다. 19~20세기 초에는 화려하게 차려입은 상류층 여성들이 마차로 방문하던 곳이지만, 대공황기에는 실업자를 수용하는 텐트가 늘어서기도 했다. 현재 센트럴 파크에는 동물원을 비롯해 호수와 테니스 코트, 아이스링크, 미술관, 극장 등 다양한 시설과 문화 공간이 마련되어 있다. 또한 수많은 나무들로 둘러싸인 언덕과 드넓은 잔디밭이 있어 800만 뉴욕 시민의 휴식처인 동시에 전 세계 관광객들에게 각광 받고 있는 명소이다.

으로 되살아난다. 그동안 우리 가족의 삶이 얼마나 각박하게 돌아갔는지, 타인의 삶을 엿보면서 깨닫게 되었다.

여행은 나에게 중요한 것을 깨우쳐주었다. 한 달, 길지도 짧지도 않았던 이번 여행은 나 자신의 삶과 존재의 의미를 꿰뚫어보게 해주었다. 이제 비행기를 탈 시간이 4시간밖에 남지 않았다. 다음에 다시 올 때까지 바라고 또 바라면서 훗날 더욱 화목한 가족의 모습으로 다시 이곳을 찾아오리라 다짐했다. 이제 여행자는 자신이 앉았던 벤치의 한 자리를 다음 사람에게 양보하며 이곳을 떠난다.

안녕, 미국.

PHOTO ALBUM
아름다웠던 구름~비둘기 모양이네~
냠냠~버거와
피시앤칩스 먹다
Liverty Island
지아와 공원에서 맘껏 여유 즐기기
관객에게 바이올린을 넘겨주는 악사 아저씨~
아침으로 먹은 프레즐과
토론토 체리!

↑ 맨해튼 구석구석을 걸어보아요~

스티커가 덕지덕지 붙은 컬러풀한 신호등

뉴욕의 노란 택시~
직접 보니 더 멋지네!

리틀 이태리에 접어들다.
노천 레스토랑과 차들로 복잡한 풍경

열심히 걸어가는
부녀의 뒷모습~

뒤져보면 괜찮은 물건이
나올 수도 있다구~

창고같은 건물 첼시 마켓!

오호~아이들이 좋아할만한
재밌는 컵케이크들

이것저것 없는게 없어요~

첼시벼룩시장의
오래된 물건들

첼시마켓은 뉴욕최고의
식재료 시장이래요~

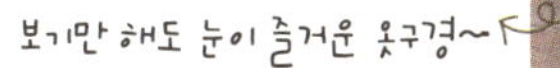

보기만 해도 눈이 즐거운 옷구경~

내가 너무너무 좋아하는
Anthropologie Shop!
인테리어 소품들과 주방용품,
의류까지 모두 내 스타일~!

시원한 블랙원피스를 입은
멋쟁이 할머니~

컬러풀한 광고용
귀여운 버스

잠시 런치타임을 이용해 쉬고 있는 아가씨~

지아야~엄마 신발 들고 뭐 하니?

거실의 소파베드에서
쿨쿨 자고 있어요~ 아휴... 피곤해~

우리가 머물던 민박집 복도

와우! 재미난 책들이
너무 많아요!

잉~ 아기 안고
있기 힘들당~

'반스 앤노블' 서점
어린이 책 코너의 디스플레이

아이스크림 이동차의 일러스트가
눈길이 가게 만들어요~

음~센트럴 파크에서의
아침 햇살

↰ 고급스러운
카드 전문점 Papyrus!

↰ 세련된 인테리어가 돋보이는
태국 레스토랑 SPICE

우연히 구경하게 된 '쿠퍼-휴이트 국립 디자인 박물관'
우리 숙소와 무지 가까웠어요~

Central Park

↰ 분수앞에서 거침없이
노는 지아 아가씨~

Montreal

캐나다의 작은 유럽, 몬트리올~
동화 같이 아름다운 마을을 구경하며,
미국과는 사뭇 다른 이국적 정서를 느꼈다.

유럽에 온 듯한 기분~
골목골목이 너무 예뻐!

갤러리 화랑들
구경도 쏠쏠해~

뚱땡이 아줌마들이
나한테 노래를 불러주네~

멋진 나무 간판!
간판 하나에도 정성이
듬뿍 들어간 게 보여요~

거리를 더욱 생기있게 만드는
싱싱한 화초들~

오래된 건물에서 세월의 흔적이 묻어나요~
벽면이 멋진 텍스타일 같아~

Dew! 우리도 저런거
만들어서 집에다 두자~

손이 근질근질~

33

Restaurant
La Rose Blanche
355 Saint-Paul Ouest
H2Y 2A7 Vieux Montréal
(514) 285-0022

↖ 아직 오픈 전이라 들어가진 못하고
창밖에서 바라봄… 아~ 예쁜 카페다.

↖ 카페 앞에서 셀카를 찍어대는 viu~

↖ 거리에 울려 퍼지는 아코디언 소리~
정말 좋아요!

Toronto

결국, 우리는 토론토의 신애를 만나러~
뉴욕에서 자동차로 달려 도착.
와우~! 기쁨의 상봉.

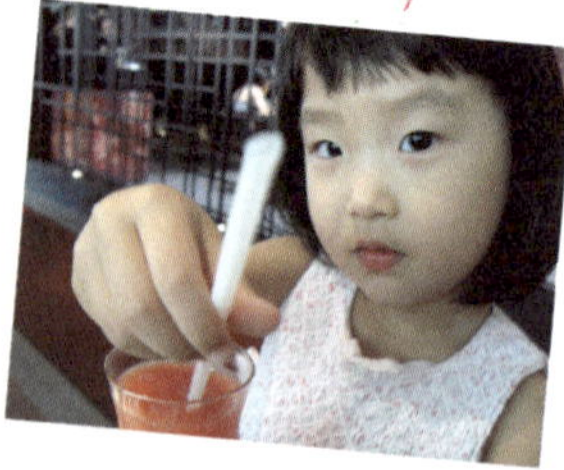

신애가 자주 간다는 Indigo 서점에서
칙칙 폭폭~ 장난감 기차에 푹 빠진 지아~

수제펠트모자에 반한 지아

풍당풍당~ 동전 던지기!!

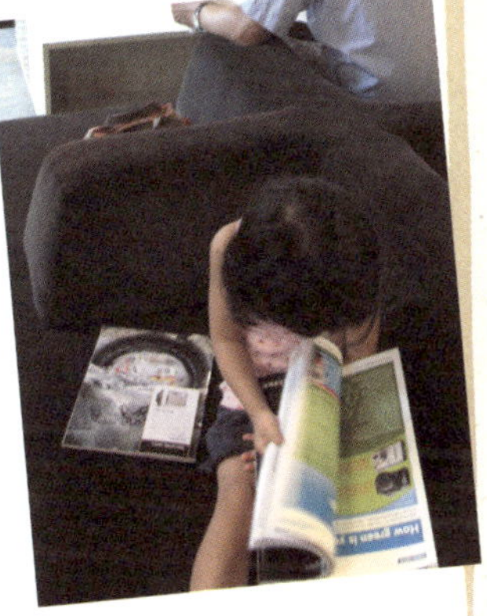
↑ 'Pikto'에서
열심히 잡지보고 있는 지아

초콜릿 공장 'SOMA'의 초콜릿들

너무너무 더웠지만
사진찍을때는 Smile~!

열심히 체리 땄어요~ 가득가득 통에 담기!

← Ice Wine으로 만든 맛있는 잼~

← 말랑말랑 젤리도 사 먹고~

나이애가라 폭포로
배타러 가기 전 풀밭에서...

백마 탄 왕자님을
기다리는 지아 공주님

나이애가라 폭포에서
배타기 전에 스머프로 변신한
우리가족

히히~
초코아이스크림
넘 맛있다!

다리가 물 위에
떠있어요~

안녕~
bye bye~

헤어지기 전날 저녁... 기념으로
케이크의 촛불을 끄며~ 후훗~ (귀여운 지아 표정)

눈물겨운
이별중~

Epilogue
에필로그

어린 너를 데리고 떠났던 조금 무리한 여행이었지만, 그래도 우리 가족이 평생 잊을 수 없는 이야깃거리를 많이 만들었던 소중한 한 달간의 여행이었어. 지아는 재미있었니? 구릿빛 피부에 더욱 발랄해진 지아를 보니 그사이 훌쩍 커버린 기분이 드는구나. 네 살짜리가 다니기에는 무리였던 사막 길도 턱턱 잘 걸어 다니던 모습, 여행 중에 한 번도 아프지 않아서 너무나 감사했어. 걷고, 어디서든 밝게 웃고 신나게 놀던 모습까지 모두 사랑스럽고 고마웠어.

아빠 엄마는 농담으로, "과연 지아가 커서 이번 여행을 기억할 수 있을까? 하나도 기억을 못한다면 여행비가 아까운데……." 하며 웃곤 했는데, 이건 그저 부모의 욕심인 것 같구나.

그래도 가끔 지아가 엄마가 만들어놓은 여행 앨범을 뒤적이며 작은 발로 아메리카 대륙을 걸어 다니던 때의 사진들을 보면서 즐겁게 쫑알거리는 모습을 보면, 퍼즐을 맞추듯이 여행지에서의 인상 깊었던 추억을 머릿속 보물 상자에 꼭꼭 채워 넣고 회상하는 것 같아 어찌나 마음이 흐뭇하던지.

나중에 지아가 커서 엄마만큼 나이가 들고, 가정을 꾸리고, 너의 가족과 계획을 세워 어디든 과감하게 여행을 떠난다면, 그것만큼 보람되고 뜻 깊은 일도 없을 것 같아. 아빠가 너의 친할아버지와 함께 다녔던 여행을 되새기며 우리의 여행을 계획했듯이 말이야. 가족 간에 세대를 넘어 공감할 수 있는 추억과 감정이 있다는 건 얼마나 멋진 일인지…….
자유롭다면 자유롭게, 무모하다면 무모하게라도 더 넓은 세상으로 뛰어
들렴. 미래의 네 가족에게도 크나큰 선물이 될 만한 가치 있고 신나는
일들이 펼쳐졌으면 좋겠다.

　세상 구석구석에는 지아가 알지 못하는 재미난 일들이 많이 일어나
고 있고, 그런 미지의 공간 어딘가를 향해 우리는 또 다른 여행을 꿈꾸
고 있단다. 앞으로 살아가면서 네가 더 많은 것들을 보고 느끼고 경험할
수 있도록 엄마 아빠가 더 노력할게.

　언제나 꿈을 향해 멋지게 나아가는 지아가 되길 바라며.

우리가 함께하는 앞날에
한없는 사랑을 주고 싶은 엄마가.

<h2>감사의 글 Thanks to.</h2>

이 책이 나오기까지 너무나 많은 시간이 걸렸네요.

맨 처음 책을 내보자고 제의하고 모든 일을 발 벗고 뛰어주신 여지영 씨, 마지막까지 신경 써주셔서 정말 감사드립니다.

그리고 저의 능력을 믿어주신 위즈덤하우스의 오유미 팀장님과 관계자 분들, 박은영 실장님과 올디자인 식구들(특히 효숙 씨~ 고마워요), 그리고 친절한 세진 씨와 늘 우리 부부를 격려해주는 영욱 언니에게도 감사의 인사를 드려요. 즐거운 여행이 되게 도와준 태훈 오빠, 새언니, 나의 버디 신애와 토비, 그리고 옆에서 응원해준 모든 친구들과 양가 부모님들과 형제들께 깊은 감사를 전합니다.

마지막으로 이 책의 작업 기간 동안 제 배 속에 있던 지호에게 태교도 제대로 못 해줘서 미안한 마음이 드네요.

'건강하게 태어나줘서 정말 고맙다.'

언젠가 지아랑 지호 손을 잡고 여행 갈 그날을 기다리며……

Viu & Dew

Bye~
Bye~